Inhalt

Ein Wort zuvor

Thai bedeutet frei, unabhängig. *Bprätheet thai* (Thailand) ist also das Land der Freien. Und in der Tat, das Königreich war – anders als alle seine Nachbarn – nie Kolonie. Darauf gründet sich ihr nationaler Stolz, ja ein Gefühl der Überlegenheit, gepaart mit echter Liebe zum Land und dem Königshaus. Die Thai sind stolz auf ihre eigenständige Kultur, ihre Sprache und Schrift. Obwohl Thailand von allen Ländern Südostasiens seit Jahren die höchsten Besucherzahlen hat, tun sich die meisten Thai immer noch schwer mit Fremdsprachen. Nur wer täglich Kontakt mit Touristen hat, spricht auch Englisch. Wer als Pauschaltourist nach Thailand kommt und eine organisierte Rundreise gebucht hat, kommt auch ohne Thai aus. Aber auch Pauschaltouristen gehen mal eigene Wege, und da helfen Thai-Kenntnisse ungemein. Ein paar Worte *phasáa thai* (Thai-Sprache) – und schon wird man über den grünen Klee gelobt.

Dieses Buch nimmt Sie mit auf eine kleine Entdeckungsreise in die Welt der Thai-Sprache und des Thai-Volkes. Wenn Sie alle zwanzig Lektionen mit den zugehörigen Übungen durchgearbeitet haben, können Sie rund 500 nützliche Wörter und sich bereits ganz ordentlich verständigen. Begleiten Sie Hilde Hoffmann aus München auf ihrer Thailand-Reise. Unterwegs managt sie nicht nur den Touristenalltag, sondern trifft viele interessante Leute. Thailand hat eben viel mehr zu bieten als die Inseln und Strände im Süden – entdecken Sie es.

Martin Lutterjohann

G Gebrauchsanweisung

Wer allein arbeitet, findet all die Hinweise und Kommentare, mit denen Lehrer und Lehrerinnen normalerweise ihren Unterricht gestalten würden, in der farblich abgesetzten Randspalte – von Erläuterungen zu den einzelnen Übungen über grammatische Regeln bis hin zu griffigen Eselsbrücken. Die für dieses Buch gewählte Umschrift trifft zwar die Laute der Thai-Sprache sehr genau, wenn Sie aber Thai nach der richtigen Aussprache fragen, müssen Sie sich an die Schriftbeispiele halten, denn mit Umschriften sind Thai nicht vertraut!

Die Umschrift stellt die Mit- und Selbstlaute nach deutscher bzw. englischer Lesart dar. Sie ist zunächst etwas gewöhnungsbedürftig, hat man sich aber eingelesen, kommt man gut klar. Einzelheiten erfahren Sie auf S. 148 in der Kurzgrammatik, Abschnitt Aussprache.

Besonders gewöhnungsbedürftig ist die Verwendung von **aw** für das offene **O**, das in Kombination mit dem Tonzeichen für tiefe Töne (siehe Randspalte Seite 8) zusätzlich Verwirrung stiften kann:
äräwy = lecker
näwi = etwas, ein wenig
râwi = hundert
Der Laut klingt ähnlich wie eu in „freuen", also in etwa: areu, neu, reu, nur länger gesprochen. Mit etwas Übung werden Sie mit der sorgfältig gewählten Umschrift schnell zurechtkommen.

Sie finden in diesem Buch 20 Lektionen. Jeweils vier sind zu einem Kapitel zusammengefasst. Kapitel 1 dreht sich ums Ankommen, Vorstellen und Grüßen. Die nachfolgenden Kapitel behandeln dann die Themen Besichtigungen und Unternehmungen, Essen und Trinken und schließlich Plaudern und Einkaufen. Alle Lektionen sind gleich aufgebaut. Sie finden sich also immer sofort zurecht:

- Der Einführungstext: Auf der ersten Seite jeder Lektion beschreibt ein deutscher Einführungstext, was Hilde Hoffmann auf ihrer großen Thailand-Reise erlebt und worum es in den beiden Dialogen der Lektion geht.
- Neue Wörter und Dialog A. Auf Seite 2 wird's ernst. Zuerst werden alle neuen Vokabeln der Reihe nach vorgestellt, dann folgt der Dialog, ein kurzes Gespräch zwischen Hilde und einem der vielen Thais, die sie trifft. Dies alles finden Sie auch in den Audios, die als kostenloser MP3-Download unter www.hueber.de/audioservice erhältlich sind oder über eine kostenlose App für Smartphone und Tablet abgerufen werden können. Trauen Sie sich, sprechen Sie halblaut mit, so prägt sich manches besser ein.
- Mindestens eine Übung pro Lektion findet sich auch in den Audios. Legen Sie das Buch mal aus der Hand, verlassen Sie sich auf Ihr Gehör. Ein kurzer Gong sagt Ihnen, wann Sie mit Sprechen an der Reihe sind. Die Lösung folgt dann im Anschluss. Die Nachsprechübungen trainieren jeweils die richtige Aussprache, das hilft beim Verstehen und Verstandenwerden. Wenn Sie bei der einen oder anderen Übung nicht weiterwissen, können Sie im Schlüssel am Buchende nachschauen.
- Für den zweiten Teil der Lektion (Dialog B und nachfolgende Übungen) gilt das Gleiche.
- Der Lesetext am Ende jeder Lektion ist die Belohnung für fleißiges Lernen. Hier finden Sie Informationen über das Leben in Thailand. Je mehr Sie von Thailand und seinen nationalen Besonderheiten verstehen, um so leichter fällt es Ihnen auch, mit der Sprache vertraut zu werden.

Was Sie sonst noch erwartet

- Nach jeder Lerneinheit (nach Lektion 4, 8, 12, 16 und 20) kommt ein kleiner Test, den Sie hoffentlich mit Bravour meistern. Wer schummeln möchte – nur zu: Den Schlüssel finden Sie im Anhang.
- Besagter Schlüssel hält neben den Antworten zu den Tests auch alle Lösungen zum Übungsteil bereit.

- Ein kurzer Grammatiküberblick fasst das Gelernte zusammen. Das ist Ihnen bereits vertraut und das sollten Sie auch beherrschen: Tätigkeitswörter, Zeiten, Aussprache, Fürwörter.
- Die Wörterliste beinhaltet alle thailändischen Wörter, die in diesem Buch auftauchen. Wenn Sie alle Dialoge durchgearbeitet haben, entspricht diese Liste nun genau Ihrem aktiven und passiven Wortschatz: Alle Wörter können Sie nun sowohl richtig benutzen als auch verstehen.

Die Hörtexte

Die Hörtexte schulen Ihr Hörverständnis und sensibilisieren Ihr Ohr für die richtige Aussprache. Das ist bei Thai besonders wichtig. Thai ist eine Tonsprache. Die Wörter haben bei unterschiedlicher Tonhöhe verschiedene Bedeutungen. Da heißt es ganz genau hinhören. Am besten schauen Sie sich gleich einmal die Aussprache-Hinweise auf Seite 148 bis 150 an. Aber keine Sorge: Mit den von den Sprechern gesprochenen Standards wird man Sie verstehen. Übrigens: ä, ö, ü markieren in diesem Buch den tiefen Ton des Thai. Umlaute sind mit ae, oe oder ue wiedergegeben.

Für das Hören der Audios schlagen wir vor:

- Erstes Anhören bei geöffnetem Buch. Auf die Aussprache achten: Wie hängen Schriftbild und Aussprache zusammen? Versuchen Sie sich die Bedeutung einzuprägen. Zur Not ein paar Mal hintereinander reinhören. Nach jedem Wort lassen wir eine kleine Pause, die Ihnen Zeit zum Nachsprechen gibt. Keine übertriebene Zurückhaltung: Gewöhnen Sie sich schon frühzeitig an Ihre Stimme in der Fremdsprache.
- Der Dialog A sollte, nachdem Sie die Wörter geübt haben, keine großen Schwierigkeiten mehr bereiten. Alle neuen Wörter lernen Sie jetzt im Kontext kennen. Achten Sie auf die Satzmelodie und Intonation. Äffen Sie guten Gewissens nach, was die Sprecher Ihnen vormachen. Ein bisschen Übertreibung schadet dabei sicher nicht.
- Mindestens eine Übung pro Lektion findet sich auch in den Audios. Legen Sie das Buch mal aus der Hand, verlassen Sie sich auf Ihr Gehör. Ein kurzer Gong sagt Ihnen, wann Sie mit Sprechen an der Reihe sind. Die Lösung folgt dann im Anschluss.
- Für den zweiten Teil der Lektion (Dialog B und nachfolgende Übungen) gilt das Gleiche.

Alle Vokabellisten, Dialoge und Übungen, die Sie sich in den Audios anhören können, sind mit diesem Piktogramm versehen:

▶ 1/1

Die erste Ziffer steht für Teil 1 (Lektionen 1-10) bzw. Teil 2 (Lektionen 11-20) des Sprachkurses, die zweite für die Tracknummer, unter der der entsprechende Hörtext zu finden ist.

1

Flug nach Bangkok

Thai hat fünf Töne:

mittel	*maa*	1/2
tief	*mäa*	
fallend	*màa*	
hoch	*mâa*	
steigend	*máa*	

Ausgangston ist die normale Stimmhöhe, der hohe Ton ist im Vergleich dazu höher, der tiefe gleichmäßig tief. Leicht zu lernen sind der fallende und der steigende Ton.

Aussprache:
behaucht: ***kh***, ***ph***, ***th*** wie **K**ind, **P**apa, **T**or im Deutschen;
gk, ***bp***, ***dt***: unbehauchtes französisches **C**oco, **P**aris, **T**ati.
Konsonanten: ***ch***, ***j***, ***w***, ***y*** wie im Englischen **ch**urch, **j**ungle, **w**ater, **y**ou.
oe und ***ue*** wie deutsches **ö** und **ü** – nur hinten im Mund gesprochen.
aw wie langes, offenes **o** (wie englisches **aw** in **law**).

Guten Tag, auf Wiedersehen
formell: *säwät-dii*
unter Freunden: *wät-dii*

Hilde Hoffmann aus München hat Glück gehabt. Sie sitzt bei ihrem ersten Flug nach Bangkok neben einem etwa gleichaltrigen *khon thai* (Thailänder). Sie hat sich schon ordentlich *phasáa thai* (Sprache-Thai) beigebracht und überhaupt sehr sorgfältig auf Asien vorbereitet.
Wie kam sie auf Thailand? Eine Freundin, die bereits mehrfach dort war, hatte ihr vorgeschwärmt von den freundlichen Menschen, den herrlichen Landschaften und dem sagenhaft leckeren Essen. Zusammen waren sie einige Male beim Thailänder um die Ecke. Dort lernte sie Nithaya kennen, die das Lokal führt und eine charmante Gastgeberin ist. Beide fanden sich sympathisch und haben sich angefreundet. Nithaya freut sich auf ihren nächsten Urlaub zu Hause. Vielleicht hätte Hilde Lust, sie dann in Bangkok zu besuchen? Hilde ist begeistert.
Nun ist es soweit, und sie kann mit ihrem Sitznachbarn im Flugzeug erste Konversationsversuche starten: *Säwät-dii khà. Dî-chán chùe Hilde* (Guten Tag. Ich heiße Hilde). Khris Boonrawd stellt sich vor. Er ist Ingenieur aus *Chiang-Mai*, der größten Stadt im Norden, hat in Deutschland Elektrotechnik studiert und arbeitet nun für einen Münchner Konzern. Was für ein Zufall: Hilde arbeitet für dieselbe Firma. Sie tauschen ihre E-Mail-Adressen aus. Wer weiß, wofür man die auf so einer Reise noch brauchen kann.

Säwät-dii khà

1/3

dii	gut
säwät-dii	guten Tag
khà/khâ	Höflichkeitspartikel (weiblich)
khrâp	Höflichkeitspartikel (männlich)
khun	du, Sie, ihr, Herr, Frau
chùe	Name, heißen
ärai?	was?
dï-chán	ich (weiblich)
phóm	ich (männlich)
bpen	sein (nur bei Personen)
khon	Mensch, Person
thai	Thai(länder), thailändisch

● Säwät-dii khà.	Guten Tag.
■ Säwät-dii khrâp. Khun chùe ärai khrâp?	Guten Tag. Wie heißen Sie?
● Dï-chán chùe Hilde khà. Khun chùe ärai khâ?	Ich heiße Hilde. Wie heißen Sie?
■ Phóm chùe Khris khrâp.	Ich heiße Khris.
● Khun bpen khon ärai khâ?	Was sind Sie für ein Mensch?
■ Phóm bpen khon thai khrâp.	Ich bin Thai(länder).
● Säwät-dii khà khun Khris.	Guten Tag, Herr Khris.
■ Säwät-dii khrâp khun Hilde.	Guten Tag, Frau Hilde.

Der Bindestrich verbindet zwei Wörter oder Bedeutungen zu einem zusammengesetzten Wort.

Höflich
Beim Fragen, Antworten, Bitten, Danken, Entschuldigen und Äußern von Meinungen beenden die männlichen Thai einen Satz höflich mit *khrâp*, Frauen mit *khà* bzw. *khâ* (bei Fragen).

Anrede
für Frauen und Männer
khun + Vorname, auch: du, Sie, ihr

Wenn Sie einen Namen nicht kennen:
khun khrâp (männlich)
khun khà (weiblich)

Khun bpen khon ärai?
wörtl.: du/Sie bist/sind Mensch was? = Aus welchem Land sind Sie?

khon ...
khon (Person) + Nationalität
khon thai = Thailänder/-in
khon yoeraman = Deutsche/ Deutscher

Im Thai enden Silben auf den Selbstlauten *a, e, i, o, u* oder den Mitlauten *m, n, ng, w, y* bzw. den stimmlosen Mitlauten *k, p, t*.
Deshalb machen viele Thai aus: Hil-de → Hin-de oder kurz Hin
Hoff-mann → Hopman
Khris → Khrit

1A

Übungen

Ohren auf und Mut! Einige Namen klingen auf Thai ganz schön exotisch, besonders wenn sie von Thai ausgesprochen werden, die keine Fremdsprachen können.

1. Bitte nachsprechen

1/4

1. Dĭ-chán chŭe Hilde khà.
2. Dĭ-chán chŭe Doris khà.
3. Dĭ-chán chŭe Tanja khà.
4. Phóm chŭe Khris khrâp.
5. Phóm chŭe Michael khrâp.
6. Phóm chŭe Hans khrâp.

Und wie heißen Sie?
Zur Erinnerung:
Frauen sagen *dĭ-chán chŭe* und am Ende *khà*, Männer *phóm chŭe* und am Schluss *khrâp*.

2. Ich heiße ...

Dĭ-chán/Phóm chŭe ***Anna*** *khà/khrâp.*

1. Anna
2. Helmut
3. Lena
4. Matthias

Die Ländernamen leiten sich meist aus dem Englischen ab, werden aber thailändisch ausgesprochen:
yoehraman = Deutsche(r), deutsch (abgeleitet von engl. German)

3. Welche Antwort passt?

1.	Säwät-dii khà.	a ☐	Dĭ-chán chŭe Nicole khà.
2.	Khun chŭe ärai khâ?	b ☐	Dĭ-chán pben khon yoeraman khà.
3.	Khun chŭe ärai khrâp?	c ☐	Phóm pben khon thai khrâp.
4.	Khun pben khon ärai khâ?	d ☐	Säwät-dii khrâp.
5.	Khun pben khon ärai khrâp?	e ☐	Phóm chŭe Tom khrâp.

Drei häufige Wörter, die mit dem Ton ihre Bedeutung ändern. Wer Thai-Schrift lesen kann, erkennt die Unterschiede an den unterschiedlichen Schreibweisen.

4. Pferd oder Hund kommt

1/5

1. maa มา = kommen
2. mâa ม้า = Pferd
3. máa หมา = Hund

Yindii thìi dài rûujäk

1/6

yindii	froh, herzlich
thìi	der, die, das
dài, dàai	können, gelangen
rûujäk	kennen, kennen lernen
chèn-gkan	gleichfalls
yoeraman	deutsch
khon yoeraman	Deutsche/-r
phùut	sprechen
gkëng	gut, geschickt
khäwp-khun	Danke
yang	noch (nicht)
mài	nicht

● Säwät-dii khà.	Guten Tag.
■ Säwät-dii khrâp.	Guten Tag.
● Khun chùe ärai khâ?	Wie heißen Sie?
■ Phóm chùe Khris khrâp. Yindii thìi dài rûujäk khun.	Ich heiße Khris. (Ich) freue mich, dass ich Sie kennen lernen kann.
● Chèn-gkan khà.	Gleichfalls.
■ Khun bpen khon ärai khrâp?	Was sind Sie für ein Mensch?
● Dì-chán bpen khon yoeraman khà.	Ich bin Deutsche.
■ Phùut thai gkëng (jang) khrâp.	Sie sprechen (ganz) gut Thai.
● Khäwp-khun khà. Yang phùut thai mài gkëng.	Danke. Noch spreche ich Thai nicht gut.

thìi
1. der, die, das (Relativpronomen)
2. Ort, Platz

Ganz einfach:
1. Es gibt keine Artikel: der, die, das; ein, eine
2. Verben gibt es nur in der Grundform. Also kein Stress mit Konjugationsformen wie: ich bin, du bist, er ist ...

dài* oder *dàai
dài vor einem Verb oder nach einem Hilfsverb
dàai: meist nach Verben

Yindii thìi dài rûujäk khun:
wörtlich: Froh, dass können kennen dich/Sie = (Ich) bin froh, Sie kennen zu lernen.

Persönliche Fürwörter sind unnötig, wenn der Zusammenhang klar ist.

Ländernamen
leiten sich meist aus dem Englischen ab, werden aber auf Thai-Art ausgesprochen.

yoeraman = deutsch
khon-yoeraman = Deutsche/-r
säwítsoeluehn = Schweiz
säwít = schweizerisch
khon-säwít = Schweizer/-in
âwsdtria= Österreich, österreichisch
khon-âwsdtria= Österreicher/ Österreicherin

färäng = westliche/-r Ausländer/-in

jang = ganz, sehr

Übungen

Thai unterscheiden zwischen dem Ländernamen *Switzerland* und dem Adjektiv *Swiss*. Schweizer sind also *khon säwît*. Manche Thai benutzen aber wie bei anderen Ländern den ganzen Landesnamen *khon säwîtsoelaehn*.

1. Bitte nachsprechen

▶ 1/7

1. Khun bpen khon ärai khâ?
   Phóm bpen khon thai khrâp.
2. Khun bpen khon ärai khrâp?
   Dï-chán bpen khon âwsdtria khà.
3. Khun bpen khon ärai khâ?
   Phóm bpen khon säwîtsoelaehn khrâp.
4. Khun bpen khon ärai khrâp?
   Dï-chán bpen khon yoeraman khà.

Wer ein paar Wörter Thai spricht, hört immer wieder das Kompliment:
Khun phùut thai gkëng gkhrâp.
Sie sprechen Thai gut.
Zur Erinnerung:
ärai = was
mài = nicht

2. Lückenfüller

*Khun phùut **thai** khrâp.*

1. Khun phùut __________ (Thai) khrâp.
2. Khun phùut __________ (Thai gut) khà.
3. Khun phùut __________ (was) khrâp?
4. Khun Hilde phùut __________ (Thai gut) khrâp.
5. Dï-chán phùut __________ (Thai nicht gut) khà.

Hier ist der Dialog ganz schön durcheinander geraten. Kleiner Tipp: Es geht mit 5. los.

3. Die richtige Reihenfolge bitte

1. Dï-chán bpen khon thai khà.
2. Yindii thìi dài rûujäk khun.
3. Dï-chán chùe Nôk khà.
4. Khun bpen khon ärai khrâp?
5. Khun chùe ärai khrâp?

Wenn Sie selbst Thai schreiben wollen: Die Schriftzeichen immer bei den Kringeln beginnen, ansonsten am linken Ende.

1. *phasáa thai* (Thai-Sprache)
2. *thaang* = Weg, Richtung, mittels, in, aus
3. *thaang khào* = Weg herein(gehen) = Eingang
4. *thaang äwk* = Weg heraus(gehen) = Ausgang
5. *thaang dùan* = Weg Express = Autobahn

4. Weg

1. ภาษาไทย
2. ทาง
3. ทางเข้า
4. ทางออก
5. ทางด่วน

Die Stadt der Engel

1

Die Hauptstadt Thailands ist so alt wie die *Râchâwong Jägkrii* (Chakri-Dynastie), deren 10. Herrscher, König *Maha Wachiralongkon Phra Wachiraklao Chaoyuhua*, seit dem 13. Oktober 2016 regiert. 1782 wurde die Hauptstadt von *Thonburi*, einem dem heutigen Königspalast gegenüber liegenden Stadtteil auf der anderen Flussseite, an die Stelle verlegt, wo das von Fischern und chinesischen Händlern bewohnte *Bàan (Ma)gkok* (Olivendorf) lag. Nachdem die Händler in die Gegend des heutigen Chinesenviertels umgesiedelt worden waren, wurde an dieser strategisch günstigen Stelle der Palast errichtet. *Khlawng* (Kanäle) wurden gegraben und *wât* (buddhistische Tempel) errichtet. Der Name Bangkok, den Ausländer benutzen, leitet sich von jenem Olivendorf ab. Die Thailänder nennen ihre Hauptstadt jedoch *Gkrung-thèep* (Khrungthep) – Stadt der Engel. Offiziell heißt sie *Gkrung-thèep Maháa-nâkhawn (Khrung-thep-Mahanakorn)*. Den vollständigen Namen muss man sich mal in Ruhe auf der Zunge zergehen lassen. Es dürfte der mit Abstand längste Hauptstadtname der Welt sein, der gesungen zudem ein hübsches Lied ergibt.
Der Name „Stadt der Engel" hat übrigens nichts mit den „Schönen der Nacht" zu tun, wie mancher meinen möchte. Die Stadt breitete sich beiderseits des Stromes *Màe-nâm Jào-Phrâya* (Maenam Chao Phraya) aus, wuchs und wuchs und die Metropolregion bringt es heute auf rund 15 Millionen Einwohner.

Der vollständige Name Bangkoks lautet: 1/8
Gkrung-Thèep Mâháa Nâkhawn Amawn Rât-dtanagkosín Mâhíntara Äyûthaya Maháa Dilökphôp Nôphârât-dtana Ràchâthani Bürirom Üdom Ràchânîvèet Maháa Sätháan Ämawn Phîmaan -âwâdtaan Säthït Säkgkä'thât-dtiyâ Wîsänûgkam Bpräsït

Das Ganze bedeutet:
Stadt der Engel, große Stadt und Wohnsitz des Jade-Buddha, uneinnehmbare Stadt des Gottes Indra, große Hauptstadt der Welt, geschmückt mit neun Edelsteinen, reich an gewaltigen königlichen Palästen, die dem himmlischen Heim des wiedergeborenen Gottes gleichen; Stadt, die von Indra geschenkt und von Vishnukarm (der göttliche Architekt Bangkoks) erbaut wurde.

2

In die Stadt

Der alte Flughafen ist unter den Einheimischen bekannter als *sänáam-bin Dawn Mueang* (Flughafen Don Muang).Die Billigfluglinien Nok Air und Thai Air Asia benutzen ihn nach wie vor als Drehkreuz. Der neue heißt: *sänáam-bin naanaachàat suvannaphuum* (Suvarnabhumi International Airport).

Der *Wài* ist der thailändische Gruß mit aneinander gelegten Handflächen. Der Rangniedrigere grüßt zuerst.

Hilde und *Khun Khris* stehen nach den Einreiseformalitäten mit ihrem gesamten Gepäck in der Ankunftshalle des *thàa agkät-sayaan naanaachàat Gkrung-thèep* (Internationaler Flughafen Bangkok). Ob Khris wohl abgeholt wird? Am Ausgang warten viele Menschen mit Schildern, auf denen die Namen von Passagieren oder Hotels stehen. Plötzlich erkennt Khris seine Kollegin Somporn und geht freudig auf sie zu. Sie begrüßen sich mit dem thailändischen *Wài*-Gruß. Mit einem freundlichen Nicken sagt Hilde: *Kháw nâe-nam dtua-eeng, dï-chán chùe Hilde* (Ich möchte mich vorstellen, ich heiße Hilde).
Freundlich grüßt Frau Somporn zurück: *Yindii thìi dài rûujäk khun khà* (Ich freue mich, Sie kennen zu lernen) und fügt hinzu: *Mueang thai yindii dtäwn-râp khà* (Herzlich willkommen in Thailand).
Gemeinsam gehen sie zum Firmenauto. Khris hat Hilde angeboten, sie an ihrem Hotel in der Gegend der *Thanón Sükhúmvît* (Sumkhuvit-Straße) abzusetzen. Das ist für ihn zwar ein Umweg, aber als gastfreundlicher Thai kann er seine Reisebekanntschaft nicht einfach alleine lassen. Schließlich ist sie das erste Mal in Bangkok.
Unterwegs kommt Hilde mit dem Fahrer ins Gespräch. Der ist ganz schön neugierig, Fragen stellt der: *Khun aayûu thàoräi khrâp?* (Was ist Ihr Alter?) Aber was der kann, kann sie schon lange!

Kháw nâe-nam dtua-eeng

2 A

▶ 1/9

kháw	bitten um, mögen
nâe'-nam	vorstellen
dtua-eeng	mich selbst, sich selbst
gkàw	auch (bei Verben)
maa	kommen
jäak	von, aus
nái?	wo?, woher?, wohin?
bprăthèet	Land
dtäwn-râp	willkommen (heißen)
mueang	Stadt, Land

● Kháw nâe-nam dtua-eeng, dï-chán chùe Hilde.	Ich möchte mich vorstellen, ich heiße Hilde.
■ Yindii thìi dài rûujäk khun khà.	(Ich) freue mich, (Sie) kennen zu lernen.
● Khäwp-khun khà. Dï-chán gkàw yindii thìi dài ruujäk khun.	Danke. Ich freue mich auch, Sie kennen zu lernen.
■ Khun maa jäak nái khâ?	Woher kommen Sie?
● Dï-chán maa jäak bprăthèet yoeraman khà.	Ich komme aus Deutschland.
■ Mueang thai yindii dtäwn-râp khà.	In Thailand herzlich willkommen.
● Khäwp-khun khà.	Danke.

Ganz einfach:
Substantive (Hauptwörter) funktionieren im Thai auch ohne Geschlecht, Artikel, Fälle oder Mehrzahl.

dtua-eeng = mich/sich selbst Zusammengesetzt aus: *dtua* = Körper und *eeng* = selbst

Meist benutzt man für Land *bprăthèet*, aber Thailand nennen die Thai gern auch *mueang thai*.

mueang thai yindii dtäwn-râp (Herzlich willkommen in Thailand): „in" muss hier nicht gesagt werden.

In der ersten Lektion fragten wir nach der Nationalität:
Khun bpen khon ärai?
(Was für ein Mensch sind Sie?)
Meist fragen die Thai aber:
Khun maa jäak nái?
(Woher kommen Sie?)
Thai antworten dann mit dem Namen ihrer Herkunftsprovinz.

Satzstellung
wie im Deutschen: Subjekt – Prädikat (Verb) – Objekt. Gilt auch bei Fragen.

Zur Satzstellung in längeren Sätzen siehe Grammatik auf Seite 150 im Anhang.

2 A

Übungen

Wenn man sich vorstellen muss, schadet etwas Routine auf keinen Fall. Also Ohren auf!

1. Ich möchte mich vorstellen

1/10

*Kháw nâe-nam dtua-eeng, **phóm** chùe **Likit khrâp**.*

1. phóm – Likit khrâp
2. dĭ-chán – Céline khà
3. phóm – Manith khrâp
4. dĭ-chán – Sonia khà

Setzen Sie *phóm* (m) oder *dĭ-chán* (w) und das jeweilige Land ein.
Am Satzende *khrâp* oder *khà* nicht vergessen!

2. Woher kommen Sie?

*Phóm/Dĭ-chán maa jäak bpräthèet **âwsdtria** khrâp/khà.*

1. âwsdtria
2. säwîtsoelaehn
3. yoeraman
4. thai

Für den Anfang ist diese Übersetzungsübung bestimmt nicht einfach, aber der Dialog 2 A zeigt notfalls, wie es geht.
Denken Sie bitte auch an *khrâp* bzw. *khà*.
6. beginnt mit *mueang thai*.

3. Bitte auf Thai

1. Ich möchte mich vorstellen, ich heiße Nana.
2. Woher kommen Sie?
3. Ich komme aus Österreich.
4. Sprechen Sie Thai?
5. Ich kann noch kein Thai sprechen.
6. Willkommen in Thailand.

Der Trick: Antworten wiederholen fast immer das Verb der Frage.

4. Welche Antwort passt?

1. Khun maa jäak nái khrâp?	a ☐ Phóm chùe Timo khrâp.
2. Khun bpen khon ärai khâ?	b ☐ Dĭ-chán maa jäak bpräthèet yoeraman khâ.
3. Khun chùe ärai khrâp?	c ☐ Dĭ-chán bpen khon säwît khà.

Fast ein Extremfall: Mit fünf dieser Wörter können Sie einen Satz bilden:
Mái mäi mài mài mái.
Erraten Sie den Sinn?
Tipp: Eigenschaftswörter stehen hinter dem Hauptwort.

5. Neues Holz

1/11

1. mäi = neu
2. mài = nicht
3. mài = brennen
4. mâi = Holz
5. mái = Fragepartikel
6. mái = Seide

Khun aayû thàoräi khrâp?

2 B

▶ 1/13

Gkrung-thèep	Bangkok
aayû	Alter
thàoräi?	wie viel?
sáam-sïp-jët	37
bpii	Jahr(e)
tham	machen, tun
ngaan	Arbeit
tham-ngaan	arbeiten
bawrîsät	Firma
sïi-sïp-sáam	43
dtäeng-ngaan	verheiratet
lâeo	schon
rúe	oder

● Khun bpen khon ärai khâ?	Was sind Sie für ein Mensch?
■ Phóm bpen khon Gkrung-thèep khrâp. Khun aayû thàoräi khrâp?	Ich bin aus Bangkok. Was ist Ihr Alter?
● Dï-chán aayû sáam-sïp-jët bpii khà.	Mein Alter ist 37 Jahre.
■ Khun tham-ngaan ärai khrâp?	Was arbeiten Sie?
● Dï-chán tham-ngaan bawrîsät. Khun aayûu thàoräi khâ?	Ich arbeite in einer Firma. Was ist Ihr Alter?
■ Phóm aayû sïi-sïp-sáam bpii khrâp.	Mein Alter ist 43 Jahre.
● Khun dtäeng-ngaan lâeo rúe yang khâ?	Sind Sie schon verheiratet oder noch nicht?
■ Dtäeng-ngaan lâeo khrâp. Khun dtäeng-ngaan lâeo rúe yang?	Ich bin schon verheiratet. Sind Sie schon verheiratet oder noch nicht?
● Yang khà.	Noch nicht.

Die Zahlen
sind leicht zu lernen: ▶ 1/12

súun	0
nüeng, ët	1
sáwng	2
sáam	3
sïi	4
hàa	5
hök	6
jët	7
bpäeht	8
gkào	9
sïp	10

sïp-sáam
= zehn-drei = dreizehn

Achtung, im Gegensatz zum Deutschen:
sáam-sïp = drei-zehn = dreißig

Nach demselben Muster:
sïi-sïp-hàa
= 4-10-5 = 45

Zwei Ausnahmen:
ët wird bei 11, 21 usw. verwendet:
sïp-ët = 11
yïi-sïp-ët = 21
Nur bei 20 sagt man übrigens *yïi-sïp*.

ngaan
1. Arbeit
2. Party

Anders als auf Deutsch:
lâeo (schon) steht meist am Satzende.

2 B

Übungen

Zahlen sind fast in jeder Sprache mit am wichtigsten. Also ruhig ein paar Mal nachplappern.

1. Graf Zahl

1/14

1. 10 – 4 = 14
2. 10 – 6 = 16
3. 10 – 7 = 17
4. 10 – 8 = 18
5. 10 – 9 = 19
6. 20 – 2 = 22

Der Beispielsatz gibt das Muster vor.
Mittlerweile wissen Sie sicher, wie die Zehnerzahlen gebildet werden, sonst nochmals auf S. 17 nachschauen.

2. Wie alt sind Sie?

*Khun **Ilse** aayû **yìi-sïp-hök** bpii.*

1.	Ilse	26
2.	Charly	87
3.	Amnuay	61
4.	Michelle	18
5.	Toni	42
6.	Sobha	59

Bitte ins Thai übersetzen!
5. Erinnern Sie sich? *Yang mài* (noch nicht) vor das Verb.

3. Wer bin ich?

1. Ich heiße ...
2. Ich bin (Mensch Ländername).
3. Ich komme aus (Name des Wohnorts).
4. Ich spreche (Sprache Ländername).
5. Ich spreche noch nicht Thai (Sprache Thai).

Wenn Sie Lust haben, dann beantworten Sie doch die Fragen gleich mit.

4. Bitte Fragen stellen

1. Khun maa jäak (woher)?
2. Khun phùut thai dàai (oder)?
3. Khun aayûu (wie viel)?

1. *thàa* = Anlegestelle
2. *thàa-ruea* (Anlegestelle-Schiff = Hafen, Pier)
3. *thàa-aagkäat-sayaan* (Anlegestelle-Luft-Fahrzeug = Flughafen)

5. Anlegestelle

1. ท่า
2. ท่าเรือ
3. ท่าอากาศยาน

Der Wài

Der *wài* gehört zu Thailand wie das viel gerühmte Lächeln der Thai: *yîm sayáam* (Siamesisches Lächeln). Aber anders als das ähnliche „Namaste" in Indien oder Nepal ist *phrânôm-mue wài* (Aneinanderlegen der Hände wie im Gebet) nicht einfach nur ein Gruß, es ist zugleich ein Zeichen des Respekts gegenüber Ranghöheren.
Thailand hat eine hierarchisch gegliederte Gesellschaft, in der jedes Mitglied seinen bestimmten Platz hat: Jüngere respektieren Ältere, Angestellte ihren Chef, buddhistische Laien die Mönche. Der *wài*, der übrigens eine Lotusblüte symbolisiert, wird von den Rangniedrigeren eingeleitet und von Ranghöheren üblicherweise beantwortet. Mit Ausnahme der Mönche: Sie antworten Laien nie mit einem *wài* – auch nicht dem König.
Mit dem *wài* ist nicht nur das Aneinanderlegen der Hände gemeint, sondern auch die Bewegung der Hände zum Kinn, Mund oder zur Stirn, je nach Grad des Respekts. Und je höher die Hände, desto tiefer sollte auch die Beugung des Kopfes sein. Nur bei gleich und niedriger Gestellten muss der Kopf nicht gebeugt werden.
Gegenüber Bettlern und Bedienungen ist der *wài* nicht angebracht. Viele Ausländer wissen das nicht. Achtung: Nie als Erster den *wài* gegenüber Kindern machen, das raubt nach überlieferter Auffassung der Thai dem Kind sieben Lebensjahre!
Der *wài* wird auch in Verbindung mit Dank und Entschuldigung für begangene Fehler angewandt. Als Antwort darauf genügt ein Kopfnicken oder Lächeln und meist ein *khrâp* oder *khà*.

Aneinandergelegte Daumen
- in Brusthöhe: Rangniedrigere
- unterhalb des Kinns: Gleichgestellte
- in Höhe des Mundes: Höhergestellte, Ältere
- in Höhe der Stirn: Mönche

Thai begrüßen Buddhastatuen in Tempeln, verehrte Mönche und Mitglieder des Königshauses durch dreimaliges Berühren des Bodens mit zusammengelegten Händen und Stirn, dieses Ritual heißt *gkràap*.

Wer den *wài* macht, sollte ihn korrekt ausüben oder lieber bleiben lassen.

3

Hotel mit Pool

In großen internationalen Hotels und sonstigen Touristenanlagen wird Englisch gesprochen, aber in Provinzhotels sind Thai-Kenntnisse angebracht und manchmal sogar notwendig.

lif, abgeleitet von Lift, auf Thai meist *lip* gesprochen.

Der Firmenwagen hält vor dem *roong-raehm Ambassadoe* (Hotel Ambassador), das Nithaya Hilde empfohlen hat. Sie bedankt sich noch einmal und verabschiedet sich von Khun Somporn und Khun Khris, den sie in der Stadt *Chiang Mai,* der „Rose des Nordens", wieder zu sehen hofft. Das Gepäck wird ihr vom Pagen abgenommen, und sie geht vor zur Rezeption in der großen Lobby.
Khun mii hàwng wàang mâi khâ? (Haben Sie ein freies Zimmer?) Sie hat Glück. Besser wäre natürlich gewesen, sie hätte vorher reserviert. Selbst über das Internet hätte sie buchen können. Nach den üblichen Anmeldeformalitäten und den Fragen des Rezeptionisten – *Khun mii chùe lae' naam-sägkun ärai khrâp?* (Welches ist Ihr Vor- und Zuname?) – wird ihr der *gkunjae* (Schlüssel) ausgehändigt, und sie geht hinüber zum *lif* (Lift, Fahrstuhl). Sie fährt in den 4. Stock. Ihr Zimmer hat einen Blick auf das *sä-wàai-nâm* (Schwimmbecken). Sie freut sich nun auf die Dusche und einige Stunden Schlaf nach dem langen Nachtflug. Danach wird sie Nithaya anrufen.

Mii hàwng wàang mái?

1/15

mii	haben, es gibt
hàwng	Zimmer
wàang	frei, unbesetzt
mái, mâi	Fragepartikel
khuehn	Nacht
lâ’	pro
jët-râwi	700
bäat	Baht (Thai-Währung)
jä	werden
phâk	bleiben, übernachten
gkïi-?	wie viel(e) ...?
ruu	wissen

● Säwät-dii khà.	Guten Tag.
■ Säwät-dii khrâp.	Guten Tag.
● Khun mii hàwng wàang mái khâ?	Haben Sie ein freies Zimmer?
■ Mii khrâp.	Haben wir.
● Khuehn lâ’ thàoräi khâ?	Pro Nacht wie viel?
■ Khuehn lâ’ jët-râwi bäat khrâp. Khun jä phâk gkïi-khuehn khrâp?	Pro Nacht 700 Baht. Wie viele Nächte werden Sie bleiben?
● Yang mâi ruu khà.	Ich weiß noch nicht.
■ O.K.	O. K.

Die höheren Zahlen

100 = *râwi*
Genau genommen heißt 100 = *nüeng râwi* (einhundert), *nüeng* wird aber wie bei uns oft weggelassen.
Achtung: *râwi* wird wie „rôi“ ausgesprochen.
101 = *râwi-ët*
112 = *râwi-sïp-sáwng*

Ansonsten werden die Hunderter genauso einfach gebildet wie die Zehner:
sáam-râwi = 300

Fragepartikeln
mái, mâi (beide Formen gebräuchlich) machen aus einer Aussage eine Frage.

Zukunft: *jä* + Verb
jä bpai
= werde gehen/fahren
jä phâk
= werde bleiben

***gkïi* + Substantiv**
wie viel(e) ...?
gkïi-khuehn?
= wie viele Nächte?
gkïi-bäat?
= wie viele Baht?

3 A

Übungen

Dieses Mal sind die Zahlen der Hunderterreihe dran. Lesen Sie einfach die Zahlen hintereinander weg, nur bei 20 und 51 aufpassen!

1. Hunderter

1/16

1. 100 – 5 – 10 = 150
2. 2 – 100 – 2 – 10 – 3 = 223
3. 4 – 100 –3 –10 – 6 = 436
4. 100 – 9 – 10 – 7 = 197
5. 3 – 100 – 4 –10 – 8 = 348
6. 7 – 100 – 5 – 10 – 1 = 751

Wie viele Nächte bleiben Sie? Eine gute Übung zum Einschleifen der Zahlen.

2. Bleibe richtig lange

Jä phâk ***sïï-râwi-yìi-sïp-bpäeht*** *khuehn.*

1. 428 = sïï-râwi-yìi-sïp-bpäeht
2. 509 = hàa-râwi-gkào
3. 756 = jët-râwi-hàa-sïp-hök
4. 921 = gkào-râwi-yîi-sïp-ët

Bitte nennen Sie das Ergebnis auf Thai!

3. Kopfrechnen: gut

200 + 500 = ***jët-râwi***

1. 200 + 500 = ______________
2. 100 + 700 = ______________
3. 350 + 600 = ______________

Sie wissen ja: Die Antwort wiederholt das Verb der Frage. Trotzdem genau überlegen.

4. Welche Antwort passt?

1. Khun mii hàwng wàang gkïï-hàwng khâ?
   - a ☐ Phóm mii sáam wàang hàwng khrâp.
   - b ☐ Phóm mii hàwng wàang sáam hàwng khrâp.
2. Khun jä phâk gkïï-khuehn khâ?
   - a ☐ Phóm jä phâk sïï khuehn khrâp.
   - b ☐ Phóm phâk sïï khuehn khrâp.

Khrai kháai khäi gkäi? (Wer verkauft Hühnereier?) Diesen Satz zitieren Thai gern als Beispiel für das Problem mit den Tönen. Die Bangkoker sprechen *khrai* oft *khai* aus.

5. Wer verkauft Hühnereier?

1/17

1. khrai? = wer?
2. kháai = verkaufen
3. khäi = Ei
4. gkäi = Huhn

Kháw nángsúe-doehn-thaang

3 B

▶ 1/18

lae'	und
naam-sägkun	Nachname
wàa	sagen
nángsúe-doehn-thaang	Reisepass
kháwng	von, Sache
choehn	bitte sehr
dtàwng-gkaan	mögen, wollen, brauchen
dtiang	Bett
yäi	groß
nìi	hier
gkunjae	Schlüssel

■ Khun mii chùe lae' naam-sägkun (wàa) ärai khrâp?	Was für einen Vor- und Zunamen haben Sie?
● Dï-chán chùe Hilde Hoffmann khâ.	Ich heiße Hilde Hoffmann.
■ Kháw nángsúe-doehn-thaang kháwng khun khrâp.	Bitte um den Reisepass von Ihnen.
● Choehn khà.	Bitte sehr.
■ Khäwp-khun khrâp.	Danke.
● Dï-chán dtàwng-gkaan hàwng dtiang yäi khà.	Ich möchte ein Zimmer (mit) großem Bett.
■ Mii khrâp. Nii khrâp gkunjae (hàwng).	Haben wir. Hier ist der (Zimmer-)Schlüssel.
● Khäwp-khun khà.	Danke.

wàa:
1. sagen
2. dass, ob

Besitzverhältnisse
kháwng = von, Sache
Zeigt Besitzverhältnisse an, entspricht aber auch unserem Genitiv:
hàwng kháwng phóm
= Zimmer von ich
= mein Zimmer
hàwng kháwng khun
= Zimmer von du/Sie/ihr
= dein/Ihr/Euer Zimmer
hàwng kháwng khon thai
= Zimmer von Mensch-Thai
= das Zimmer des Thailänders/der Thailänderin

Achtung:
zusammengesetzte Wörter andersherum als im Deutschen:
gkunjae kháwng hàwng
= Schlüssel von Zimmer
= Zimmerschlüssel
Aber *kháwng* wird oft weggelassen:
gkunjae hàwng
= Schlüssel Zimmer
= Zimmerschlüssel

nángsúe = Buch
nángsúe-doehn-thaang khun
= Reisepass Sie
= Ihr Reisepass
Oft benutzt: *phâasbpawt* oder *phâsâbpawt* von engl. passport

Eigenschaftswörter
stehen hinter dem Hauptwort:
dtiang yäi
= Bett groß = großes Bett

Übungen

Hier geht es um *kháwng*, eine Sache, die man immer und überall braucht und gar nicht früh genug einschleifen kann. Deshalb immer schön nachplappern!

1. Bitte nachsprechen

1/19

1. Nángsúe-doehn-thaang kháwng khun.
2. Chùe lae' naam-sägkun kháwng khun.
3. Chùe kháwng phóm.
4. Mueang kháwng dï-chán.
5. Gkunjae hàwng kháwng khun.

Bitte *kháwng* und die Wörter für ich oder du/Sie/Ihr einfügen.

2. mein, dein ...

1.	dein Land	= bpräthèet ... ...
2.	mein Zimmer	= hàwng ... ...
3.	Ihr Schlüssel	= gkunjae ... ...
4.	eure Arbeit	= ngaan ... ...
5.	dein Pass	= nángsúe-doehn-thaang ... ...
6.	mein Bett	= dtiang ... .

Versuchen Sie sich an der Übersetzung. Ein Tipp: Wenn Sie unsicher sind, können Sie sich den Dialog 2 B noch einmal genau ansehen.

3. Auf Thai bitte

1. Wie alt sind Sie?
2. Ich bin ... Jahre alt.
3. Was arbeiten Sie?
4. Ich arbeite in einer Firma.
5. Sind Sie verheiratet oder noch (nicht)?
6. (Ich) bin schon verheiratet.

Hier ist der Dialog ordentlich durcheinander geraten. Los geht es mit 4.

4. Die richtige Reihenfolge bitte

1. Phóm aayûu hàa-sïp-sïi bpii.
2. Dtäeng-ngaan lâeo.
3. Khun aayûu thàoräi?
4. Khun dtäeng-ngaan lâeo rúe yang?

5. Zimmer

1. ห้อง
2. ห้องน้ำ
3. ห้องส้วม
4. ห้องนอน

1. *hàwng* = Zimmer, Raum
2. *hàwng-nâm* = Zimmer-Wasser = Bad, Toilette
3. *háwng-sùam* = Zimmer-Toilette = Toilette
4. *hàwng-nawn* = Zimmer-liegen = Schlafzimmer

Wie alt sind Sie?

3

Diese Frage mögen wohl die meisten Frauen nicht. Die Thai sind in Bezug auf *khwaam-bpen-süan-dtua* (Privatsphäre) jedoch weit weniger empfindlich, denn sie kennen im Miteinander kaum *khwaam-läp* (Geheimnisse). Alles könnte von Interesse und Belang sein. *Khwaam-yäak-ruu-yäak-hén* (Das-wissen-und-sehen-Wollen = Neugier) ist also ein ganz normaler Charakterzug der Thai.
In der vertikal strukturierten Gesellschaft der Thai genießt eine ältere Person mehr Respekt als eine jüngere, also keine Scham wegen Ihres tatsächlichen Alters. Aber charmante Lügen sind natürlich erlaubt. Auch nach dem Einkommen fragen Thai gern. Warum auch nicht? Keine falsche Bescheidenheit! Wer gut verdient, genießt ebenfalls entsprechenden Respekt, ist er oder sie doch offenbar mit einem günstigen Kharma gesegnet. Ab einem Alter um Mitte zwanzig ist man in Thailand üblicherweise verheiratet und hat dann auch Kinder. Dazu kommen fast immer Fragen. Wer Thai spricht und sich scheinbar schon einige Zeit im Land aufhält, wird auch gern gefragt: *Mii faehn thai mái?* (Haben Sie/Hast du eine Thai-Frau?) oder – seltener – einen Thai-Mann?

faehn (engl. fan) = Freund/-in, aber auch umgangssprachlich für Ehemann/-frau

Inzwischen gibt es auch den *gig:* Kurzzeitige Freunde/Partner.

Wie in anderen Ländern Südostasiens haben verheiratete Männer, seltener Frauen, Geliebte (*faehn* bzw. *mia-nâwi* = kleine Ehefrau – im Gegensatz zur ersten, offiziellen Ehefrau: *mia-lúang*). Falls die *mia-nâwi* Kinder haben, können diese den Namen des Vaters annehmen und sind erbberechtigt – zum Leidwesen der *mia-lúang*.
Übrigens: Einen *phúa-nâwi** (Nebenmann) scheint es in Thailand nicht zu geben.

* *nâwi* wird wie „nôi“ ausgesprochen.

4

Wer spricht da?

Wer öfters telefoniert, sollte sich eine *bät-thorâsäp* (Karte-Telefon = Telefonkarte) zulegen. Die Standardkarten kosten 100 Baht für 100 Einheiten. Es gibt allerdings unterschiedliche Systeme, die leider nicht kompatibel sind.
Im Übrigen kostet ein Ortsgespräch 1 Baht für 3 Minuten, also immer einige Münzen bereit halten. Öffentliche Münz- und Kartentelefone gibt es oft sogar in Hotels. Wer häufiger telefoniert, kann sich auch eine Sim-Karte für das Handy zulegen. Aber Vorsicht: Diese haben nur begrenzte Gültigkeit, sind dafür aber sehr preiswert und reichen für die Dauer eines Urlaubs.

Nachdem Hilde gründlich ausgeschlafen hat, ist sie bereit für das Abenteuer Bangkok. Der erste Anruf gilt Nithaya. Zu ihrer Überraschung meldet sich eine männliche Stimme: *Khrai phùut khrâp?* (Wer spricht?) Schnell fängt sie sich und antwortet auf Thai: *Nîi Hilde phùut. Kháw phùut gkäp Khun Nithaya dàai mâi khâ?* (Hier spricht Hilde. Ich möchte bitte mit Frau Nithaya sprechen, geht das?) Der Herr bedauert, dass Nithaya nicht da sei. Hilde fragt: *Khun Nithaya mii thoorâsäp-mue-thúe mâi khrâp?* (Hat Frau Nithaya ein Handy?) Als er bejaht, fragt sie ihn nach der Nummer. Da sie sich sowieso erst einmal eine *bät-thorâsäp* (Telefonkarte) kaufen möchte, erkundet sie die Umgebung ihres Hotels. In diesem Teil der Sukhumvit-Straße sind die Bürgersteige vollgestopft mit Verkaufsständen für Touristen, dazwischen Garküchen mit Nudelsuppen, Fleischspießen oder gebratenen Hühnchen. Auf sechs Spuren herrscht Stop-and-Go. Darüber fliegt – ohne Staus – die schnelle Hochbahn.
Nithaya meldet sich auf ihrem Handy und testet gleich mal Hildes Thai-Kenntnisse: *Haloo Khun Hilde, säbaai-dii mâi khâ?* (Hallo Hilde, geht's dir gut?) Gekonnt antwortet sie: *Säbaai-dii màak, khäwp-khun khà. Khun lâ' khâ?* (Mir geht es sehr gut, danke. Und wie steht's mit dir?)

Khrai phùut khrâp?

4 A

1/21

khrai?	wer?
nìi	hier, dies, diese/-r/-s
gkäp	mit
yüu	da sein, sich befinden
gkarunaa	bitte
thoo-gkläp	zurückrufen
thoorâsäp	Telefon, telefonieren
mue	Hand
thoorâsäp-mue-thúe	Handy
boe	Nummer

■ Khrai phùut khrâp?	Wer spricht?
● Säwät-dii khà, nìi Hilde phùut. Kháw phùut gkäp Khun Nithaya, dài mái khâ?	Guten Tag, hier spricht Hilde. Ich möchte mit Frau Nithaya sprechen, geht das?
■ Khun Nithaya mài yüu khrâp.	Frau Nithaya ist nicht da.
● Mmh ...	Mmh ...
■ Gkarunaa thoo-gkläp.	Bitte rufen Sie zurück.
● Khun Nithaya mii thoorâsäp-mue-thúe mâi khâ?	Hat Frau Nithaya ein Handy?
■ Mii khrâp.	Ja, hat sie.
● Boe ärai khâ?	Welche Nummer?
■ Boe 01-7003443 khrâp.	Nummer 01-7003443.
● Khäwp-khun khà.	Danke sehr.

Große Zahlen

1/20

râwi	100
phan	1000
müehn	10.000
sáehn	100.000
lâan	1.000.000

thoorâsäp-mue-thúe = Handy; wörtlich: Telefon-Hand-tragen

Bangkoker Nummern werden auch als Ortsgespräch mit der Vorwahl 02 gewählt. Im übrigen Land teilen sich oft mehrere Provinzen eine einzige Vorwahlnummer. Handynummern beginnen häufig wie Vorwahlnummern von Provinzen. Bei Telefonnummern sagt man für 2 oft *thoo* statt *sáwng*, z. B.: 2-4-5 = *thoo-sìi-hàa*

Thai reden einander mit dem *chùe* (Vornamen) an. Der *naam-sägkun* (Nachname) wird nur in Dokumenten verwendet. Die Vornamen sollen Glück bringen. Bei Unglück oder Krankheit wird er zeitweise auf Anraten von Astrologen geändert. *Chùe lèn* (Spitznamen) sollen böse Geister abwehren und sind sehr populär.

4 A

Telefonnummern werden einfach Ziffer für Ziffer gesprochen.
0 = *súun*
2 = *sáwng* oder *thoo*

Übungen

1. Bitte nachsprechen

1/22

1. 01-973548
2. 854-2761
3. 244-5378
4. 271-2129
5. 053-245-888
6. 045-799-301

Diese Verben werden Sie oft benutzen. Kleine Hilfe: haben = *mii*.
Schaffen Sie auch den Rest ohne Nachschauen?

2. Was gehört zusammen?

1.	haben	a ☐	ruu
2.	kommen	b ☐	chùe
3.	sein	c ☐	phùut
4.	wissen	d ☐	mii
5.	heißen	e ☐	maa
6.	sprechen	f ☐	yüu

Schummeln ist hier durchaus erlaubt: Man darf in den vorangegangenen Dialogen oder sogar im Lösungsschlüssel am Buchende nachschauen.

3. Welches Verb passt wohl?

1.	Khrai ________ khrâp?	a ☐	ruu
2.	Khun Suban ___ mái khâ?	b ☐	thoo-gkläp
3.	Jä ____ gkïi-khuehn khâ?	c ☐	phùut
4.	Mài ____ khrâp.	d ☐	yüu
5.	Jä ________ mäi khà.	e ☐	phâk

Sie können sich zum Spaß Ihren eigenen Satz bilden.

4. Nudeln mit Messer

1/23

1. mii = haben
2. mïi = Nudel
3. mìit = Messer
4. míi = Bär

Nîi Hilde phùut

4 B

▶ 1/24

haloo	hallo (am Telefon)
säbaai	angenehm
säbaai-dii	es geht (mir) gut
màak	viel, sehr
lâ' ...?	wie steht's mit ...?
chân	ich (w, vertraut)
thúeng	ankommen
mùea-räi	wann
wan-nîi	heute
mùea	vor, um
dtawn	Zeitabschnitt
dtawn-châo	morgens
yìam	besuchen

■ Haloo, Nithaya phùut khâ, khrai phùut khâ?	Hallo, Nithaya spricht, wer spricht?
● Nîi Hilde phùut.	Hier spricht Hilde.
■ Haloo Khun Hilde, säbaai-dii mâi khâ?	Hallo, Hilde, geht es dir gut?
● Säbaai-dii (màak), khäwp-khun khà. Khun lâ' khâ?	Mir geht's (sehr) gut, danke. Wie steht's mit dir?
■ Chân gkàw säbaai-dii. Khun maa thúeng Gkrung-thèep mùea-räi.	Mir geht's auch gut. Du bist in Bangkok wann angekommen?
● Chân maa thúeng wan-nîi mùea dtawn-châo.	Ich bin heute Morgen angekommen.
■ Khun Hilde jä maa yìam chân mùea-räi?	Hilde, wann wirst du mich besuchen kommen?
● Mùea-räi gkaw dàai.	Wann immer es geht.

Haloo wird oft auch wie *hanloo* gesprochen.

Die **Partikel** *lâ'* wird gern benutzt, um eine Frage umzukehren: Und wie steht's mit dir?

2-mal „ich"
Unter Frauen ist *chân* (vertraut) gebräuchlicher.
dì-chán bzw. *dì-chân* (beide Formen gebräuchlich) ist höflicher.
Männer benutzen unter Freunden auch *chân*.

Tageszeiten
mùea + Tageszeit
Wir sagen: „heute Morgen", die Thai sind genauer:
wan-nîi mùea dtawn-châo
= heute am früheren Vormittag

Andere Tageszeiten:
dtawn-châo-mùeht
= früher Morgen (4–6 Uhr)
dtawn-sáai
= später Vormittag
dtawn-thìang = mittags
dtawn-bäai
= früher Nachmittag
dtawn-yen
= später Nachmittag
dtawn-khâm = abends
dtawn-düek = nachts

In Bangkok angekommen: geht auf Thai auch ohne das Wörtchen „in".

gkaw dàai am Satzende: Sie können tun, was Sie wollen = es bleibt Ihnen überlassen.

4 B

Übungen

Hier braucht man kein Wort für „in". Erinnern Sie sich noch an die einzelnen Begriffe? Wenn nicht, hilft die Wörterliste am Buchende weiter.

1. Wann bist du angekommen?

1/25

Khun maa thúeng ***mueang thai*** *mùea-räi?*

1. mueang thai
2. sanáam-bin Dawn Mueang
3. Sûkhûmvït
4. roong-raehm Aembassadoe
5. hàwng kháwng khun

Im 2. Satz können Sie in die Klammer Ihren Namen setzen.

2. Füllen Sie die Lücken

mâi – khrai – maa – mùea-räi – nìi – jä – säbaai-dii – lâ'

1. ______ phùut khâ?
2. ______ (...) phùut.
3. Säbaai-dii _____ khâ.
4. _______ màak, lae' khun ______?
5. Khun ______ mùea-räi khrâp?
6. ______ gkaw dàai.

Übung macht den Meister, auch beim Übersetzen. Satz 5 meint: Es geht noch nicht, ich habe noch keine Zeit.

3. Auf Thai bitte

1. Hallo, Khun Nôk, geht es Dir gut?
2. Mir geht es sehr gut, danke, und dir?
3. Mir geht es auch gut.
4. Wann kommst du mich besuchen?
5. Ich bin noch nicht frei.

Fragen über Fragen: Finden Sie die passenden Fragewörter, oder etwa nicht?

4. Die richtigen Fragewörter

1. Khun maa thúeng _____?
2. _____ phùut?
3. Khun maa jäak _____?
4. Hàwng khuehn lâ' _____?
5. Khun bpen khon _____ ?

a ☐ thàoräi
b ☐ ärai
c ☐ khrai
d ☐ mùea-räi
e ☐ nái

1. *roong* = Halle, großer Raum
2. *roong-raehm* = Halle-übernachten = Hotel
3. *roong-phayaabaan* = Halle-pflegen = Krankenhaus
4. *roong-riian* = Halle-lernen = Schule
5. *roong-ngaan* = Halle-Arbeit = Fabrik

5. Große Räume

1. โรง
2. โรงแรม
3. โรงพยาบาล
4. โรงเรียน
5. โรงงาน

Macht nichts

4

Mài bpen rai (nicht ist was = das macht nichts) – dieser Satz charakterisiert die Thailänder vielleicht am besten. Seine Bedeutungen sind vielfältig: Mach dir keine Sorgen, es ist nicht so schlimm, schon in Ordnung, da kann man nichts machen.
Häufig benutzt man die Formel auch als Entgegnung auf ein Dankeschön. In diesem Satz spiegeln sich insbesondere buddhistische Werte: sich nicht aus dem Gleichgewicht bringen lassen, wenn etwas nicht klappt, wenn man zu spät kommt oder etwas kaputt gegangen ist. Thai versuchen in solchen Situationen, *jai-yen* (Herz-kühl) zu bewahren, also *chóei-chóei* (ruhig, gelassen) und *säbaai-säbaai* (entspannt) zu bleiben. Das Gegenteil von Gelassenheit ist *jai-râwn* (Herz-heiß), also aufgeregt, wütend, laut sein – Eigenschaften, die man mit uns Westlern verbindet.
Manchmal ist es natürlich nicht leicht, die Ruhe zu bewahren, z. B. wenn einem der Geldbeutel samt Ausweis gestohlen wird oder das Taxi oder der Bus samt Gepäck davonfährt. Thai sind in solchen Fällen gern behilflich. Wozu sich ärgern, wenn es nichts bringt? *Mài bpen rai* lehrt uns da die Vergänglichkeit der Dinge.

Unaufdringlich
Situationen oder Angelegenheiten sollten *sädüak* (günstig) sein, also nicht aufdringlich. Was soll ich schenken? Typische Antwort der Thai: *Ärai gkàw dàai* (was auch immer = ich überlasse es dir/Ihnen). Wann sollen wir kommen? *Mùea-räi gkaw dàai* (wann auch immer = wann es euch/Ihnen beliebt). Freilich sollten wir das nie ganz wörtlich nehmen und uns vorher trotzdem genau erkundigen, wann es passt.

T Test 1

Stöbern Sie noch einmal in den Begleittexten der ersten vier Lektionen. Es geht u. a. um gängige Höflichkeitsfloskeln und gesten.

1. Welche Antwort stimmt?

1. *Säwät-dii* bedeutet ...
   a ☐ Guten Tag
   b ☐ Auf Wiedersehen
   c ☐ beides

2. Die Höflichkeitspartikel für Männer ist ...
   a ☐ khrîp
   b ☐ khrôp
   c ☐ khrâp

3. Die Höflichkeitspartikel für Frauen ist ...
   a ☐ khò
   b ☐ khà
   c ☐ khè

4. Wie sprechen Thai wohl Golf aus?
   a ☐ Golp
   b ☐ Gâwp
   c ☐ Goff

5. Wie sprechen die Thai ihre Hauptstadt aus?
   a ☐ Krung-theep
   b ☐ Gkrung-thèep
   c ☐ Bangkok

6. Was ist ein *wài*?
   a ☐ Tanz
   b ☐ Gruß
   c ☐ Kuss

Nützliche Fragen, aber auch die Antworten sollten Sie gut verstehen könnnen.

2. Fragen und Antworten

1. Khun chùe ärai?
2. Khun bpen kon ärai?
3. Khun maa jäak nái?
4. Hàwng khuehn lâ' thàoräi?
5. Khun jä phâk gkï-khuehn?
6. Khrai phùut?

a ☐ Khuehn-la hök-phan bäat.
b ☐ Jä phâk sáam khuehn.
c ☐ Thomas phùut.
d ☐ Dï-chán chùe Manuela.
e ☐ Phóm bpen khon âwstria.
f ☐ Dï-chán maa jàak säwîtsoelaehn.

3. Was fehlt?

Finden Sie die richtigen Wörter für die Lücken, dann haben Sie beim Vorstellen und Kennenlernen keine Probleme.

1. Phóm ___ khon yoeraman.
   a □ chùe
   b □ bpen
   c □ maa

2. Khun ___ thai gkëng.
   a □ phùut
   b □ rûujak
   c □ dài

3. Yindii thìi ___ rûujak khun.
   a □ khào-jai
   b □ chùe
   c □ dài

4. Kháw nâe-nam ___ khun rûujak Khun Doreen.
   a □ thìi
   b □ hài
   c □ lae´

5. Khun jä ___ gkï-khuehn?
   a □ phâk
   b □ phùut
   c □ bpen

6. Khun mii chùe lae´ naam-sägkun ___ ärai?
   a □ maa
   b □ phùut
   c □ wàa

4. Wie sagt man auf Thai?

Smalltalk für Anfänger. Wenn Sie bei diesem Test alles richtig gemacht haben, gehören Sie ab sofort schon zu den Fortgeschrittenen. Weiter so!

1. Guten Tag.
2. Ich heiße ...
3. Ich komme aus (Land).
4. Willkommen.
5. Ich spreche nicht Thai.
6. Danke.

5

Auf dem Markt

Wochentage
Die Wochentage werden gebildet aus dem Wort für Tag (***wan***) und den einzelnen Wochentagsnamen, von denen einige den unseren sehr ähneln, aber auf der Hindu-Mythologie gründen:

wan-aathît
(Tag-Sonne = Sonntag)
wan-jan
(Tag-Mond = Montag)
wan-angkhaan
(Tag-Mars = Dienstag)
wan-phût
(Tag-Merkur = Mittwoch)
wan-phârûehät
(Tag-Jupiter = Donnerstag)
wan-sük
(Tag-Venus = Freitag)
wan-sáo
(Tag-Saturn = Samstag)

Das Telefon klingelt. Schlaftrunken greift Hilde zum Hörer. Sie liegt noch in ihrem *dtiang yäi* (großes Bett), draußen ist es bereits taghell. *Dtüehn lâeo rúe yang?* (Bist du schon wach, oder?), fragt Nithaya munter. *Yang* (Noch nicht), antwortet Hilde reichlich desorientiert: *Gkï-moong lâeo?* (Wie viel Uhr ist es schon?)
Der Zeitunterschied durch den Flug nach Osten lässt sie nach der ersten Nacht in Bangkok nur schwer in die Gänge kommen. In München wäre sie um diese Zeit schon bei der Arbeit. Jetzt hat sie aber Urlaub. Dass Nithaya so fürchterlich früh anruft! *Sáwng moong châo* (8 Uhr morgens), fährt Nithaya unbekümmert fort und hilft ihr auf die Sprünge: *Wan-nîi wan-sáo* (Heute ist Samstag), *phrùng-nîi wan-aathît* (morgen ist Sonntag). *Maa phrùng-nîi dii mái hâ?* (Passt es, wenn ich morgen komme?), fragt Hilde, inzwischen halbwegs wach. *Phrùng-nîi chân mài mii weelaa* (Morgen habe ich keine Zeit). Wie wär's mit Montag? *Gkï-moong dii mái hâ?* (Um wie viel Uhr passt es?) Nithaya fände *hàa-moong-châo* (11 Uhr vormittags) gut.
Auf Hildes Frage, was sie am Wochenende unternehmen könnte, schlägt Nithaya vor: *Bpai dtäläat Jädtüjäk dii. Sänük màak* (Ich würde zum Chatuchak-Markt fahren. Macht viel Spaß). Dieser Markt hat nur am Wochenende geöffnet und bietet praktisch alles: Kleidung, Blumen, Tiere, Kunsthandwerk, Schmuck, Essen und noch viel mehr.

Dtüehn lâeo rúe yang hâ?

1/27

dtüehn	aufwachen
hà, hâ	Höflichkeitspartikeln (unter Freunden)
moong	Uhr (bei Uhrzeiten)
châo	morgens
wan	Tag
wan-sáo	Samstag
phrùng-nîi	morgen
wan-aathît	Sonntag
weelaa	Zeit, während
wan-jan	Montag

■ Haloo Khun Hilde, dtüehn lâeo rúe yang hâ?	Hallo Hilde, bist du schon aufgewacht oder noch nicht?
● Yang hà. Gkïi-moong lâeo?	Noch nicht. Wie viel Uhr ist es schon?
■ Sáwng moong châo.	Acht Uhr morgens.
● Wan-nîi wan ärai?	Heute ist was für ein Tag?
■ Wan-nîi wan-sáo, phrùng-nîi wan-aathît.	Heute ist Samstag, morgen ist Sonntag.
● Maa phrùng-nîi dii mâi hâ?	Ist es gut, wenn ich morgen komme?
■ Phrùng-nîi chân mài mii weelaa.	Morgen habe ich keine Zeit.
● Wan-nái dii?	Welcher Tag ist gut?
■ Wan-jan dii.	Montag ist gut.
● Gkïi-moong dii?	Wie viel Uhr ist gut?
■ Hâa-moong châo dài mái?	Kannst du um 11 Uhr vormittags?
● Dàai. Jä maa wan-jan hàa-moong-châo.	Kann ich. Ich werde Montag um 11 Uhr vormittags kommen.

wan-nîi: = heute, dieser Tag

Zeitangaben
Es gibt zwei Arten:

1. Das allgemein übliche 6-Stunden-System. Dazu braucht man die Stundenzahl (1–6) und das Tageszeitwort, das mal vor, mal nach der Zahl steht:
   dtii = Mitternacht bis 5 Uhr (*dtii* = Schlag)
   châo = 6–11 Uhr
   thìang-wan = Mittag
   bäai = 13–15 Uhr
   yen = 16–18 Uhr
   thùm = 19–23 Uhr
   thìang-khuehn = Mitternacht
   (Weitere Einzelheiten auf Seite 39)
2. Offizielle Zeitangaben (Radio, Fernsehen, Flughafen u. a.) nach dem 24-Stunden-System: Stundenzahl (1–24) + ***naaligkaa*** + Minutenzahl (1–59) + ***naathii***

1/26

naaligkaa = Stunde
naathii = Minute
wìnaathii = Sekunde
sïp hök naaligkaa sáam-sïp hàa naathii yìi-sïp-sáam wìnaathii = 16 Uhr, 35 Minuten, 23 Sekunden

Fragewort + ***dii***
= Was würden Sie empfehlen; Wie könnte/sollte ich?

5 A

Übungen

1. Welcher Tag ist morgen?

Heute ist Mittwoch, dann ist morgen ...
Bitte setzen Sie die entsprechenden Tage ein.

Wan-nîi ***wan-phût****, phrùng-nîi* ***wan-phârûehät****.*

1. wan-phût – wan-phârûehät
2. wan-jan – wan-angkhaan
3. wan-phârûehät – wan-sük
4. wan-sáo – wan-aathît

2. Zeitansage

Bitte nachsprechen!
Zur Erinnerung:
chão = Vormittag
bäai = früher Nachmittag
yen = später Nachmittag
thùm = Abend
dtii = Nacht (nach Mitternacht)
Achtung: statt ***sïi moong chão*** sagen viele ***sïp moong chão.***

▶ 1/28

1. 10 Uhr = sïi moong châo
2. 14 Uhr = bäai sáwng moong
3. 17 Uhr = hàa moong yen
4. 20 Uhr = sáwng thùm
5. 23 Uhr = hàa thùm
6. 03 Uhr = dtii sáam

3. Komm morgen um ...

Nach Übung 2 werden Sie hier keine Probleme haben.
Zur Erinnerung:
Mittag: ***thîang-wan***
Mitternacht: ***thîang-khuehn***

Maa phrùng-nîi ***dtii-sïi****.*

1. 4 Uhr
2. 9 Uhr
3. 12 Uhr
4. 15 Uhr
5. 18 Uhr
6. 22 Uhr
7. 24 Uhr

4. Heute, morgen, gestern

Übersetzen Sie und nicht vergessen: Das Wort „ist“ oder „war“ entfällt.

1. Heute ist Dienstag.
2. Morgen ist Mittwoch.
3. Heute ist Freitag.
4. Morgen ist Samstag.

5. Verwirrung

Es gibt mindestens 15 gebräuchliche Wörter der Gruppe ***khao, gkao,*** die für uns alle ziemlich gleich klingen.
Achtung: im Chiang-Mai-Dialekt wird *kh* oft wie *ch* (wie in acht) gesprochen, besonders auffällig bei 2, 3, 4, 6. Auch die Sprecherin der Texte in diesem Kurs stammt von dort.

▶ 1/29

1. kháo = er, sie, es
2. khào = hereinkommen
3. khäo = Knie
4. khàao = Reis
5. kháao = weiß
6. khäao = Nachrichten

Dtäläat Jädtüjäk bpai yangngai?

1/30

bpai	gehen, fahren
dtäläat	Markt
dtäläat Jädtüjäk	Chatuchak-Markt
sänük	Spaß (haben)
bpöeht	öffnen
thàonân	nur
yangngai / yäang-rai	wie
ngàai	leicht, einfach
khùen	aufsteigen, einsteigen
long	absteigen, aussteigen
säthäanii	Station, Bahnhof
mài bpen rai	nichts zu danken

● Phrùng-nîi tham ärai dii?	Was schlägst du vor, was mache ich morgen?
■ Bpai dtäläat Jädtüjäk dii. Sänük màak.	Zum Chatuchak-Markt fahren ist gut. Macht viel Spaß.
● Mmh …	Mmh …
■ Dtäläat nîi bpöeht wan sáo lae' wan-aathît thàonân.	Dieser Markt öffnet nur am Samstag und Sonntag.
● Dtäläat Jädtüjäk bpai yangngai?	Wie fahre ich zum Chatuchak-Markt?
■ Ngàai màak. Khùen Skytrain lae' long sathäanii Máw Chît!	Sehr einfach. Steige in den Skytrain und steige an der Station Mo Chit aus!
● Khäwp-khun màak Khun Nithaya.	Vielen Dank, Nithaya.
■ Mài bpen rai.	Nichts zu danken.

thàonân
steht immer am Satzende. Gebräuchlich ist auch *dtäe* (nur, aber), das wie im Deutschen benutzt wird: *bpöeht dtäe wan sáo* (öffnet nur am Samstag).

sänük màak (sehr amüsant, spaßig) wird hier als Satz gebraucht: Es macht viel Spaß.

màak (sehr) steht immer nach dem Adjektiv:
ngàai màak (sehr einfach)

ein- und aussteigen werden im Thai durch *khùen* (aufsteigen) bzw. *long* (absteigen) ausgedrückt:
khùen rôt (in den Wagen einsteigen)
long rôt (aus dem Wagen aussteigen)

Bei *ruea* (Schiff) ist es übrigens umgekehrt:
long ruea
= ins Boot einsteigen
khùen ruea
= aus dem Boot aussteigen

5 B

Übungen

Diese Übung ist einfach und nützlich. Und wo fahren Sie morgen hin, etwa schon nach Thailand? Dann müssen Sie heute noch das ganze Buch durcharbeiten. Uff, da haben Sie aber noch was vor!

1. Morgen fahre ich nach ...

1/31

Phrùng-nîi jä bpai ***dtäläat Jädtüjäk****.*

1. dtäläat Jädtüjäk
2. Gkrung-thèep
3. roong-raehm-Miami
4. bprâthèet âwsdtria
5. sanáam-bin
6. säthäanii Máw Chît

Setzen Sie bitte das passende Fragewort in die Lücken ein. Es ist nicht ganz einfach. Wenn Sie unsicher sind, bietet der Schlüssel am Ende des Buches die Lösung.

2. Welches Fragewort passt?

1. Bpai Gkrung-thèep bpai ___ dii?
2. Khun maa thúeng thìi-nîi ___?
3. Bpai säthäanii Máw Chît ___?
4. Phrùng-nîi jä bpai ___?
5. Wan-nîi tham ___?

a ☐ thàoräi
b ☐ yäang-rai
c ☐ mùea-räi
d ☐ ärai
e ☐ nái

Übersetzungshilfen finden Sie sowohl in der vorangegangenen Übung als auch in Dialog 5 A.
Satz 4 heißt wörtl.: Fahren Thailand wie viel?

3. Was, wann, wie?

1. Wann bist du hier angekommen?
2. Wie fahre ich am besten nach Bangkok?
3. Morgen fahre ich zum Chatuchak-Markt.
4. Was kostet die Fahrt nach Thailand?
5. Wann wirst du nach Bangkok fahren?

Hier hat jemand die einzelnen Satzteile gut durchmischt. Tipps zum Satzanfang:
1. ***khun***
2. ***wan-nîi*** oder ***phóm***
3. ***bpai***

4. Die richtige Reihenfolge bitte

1. yoeraman – jä – khun – mùea-räi – bprâthèet – bpai
2. jä – phóm – Máw Chît – bpai – säthäanii – wan-nîi
3. dtäläat Jädtüjäk – yäang-rai – bpai

1. ***säthäanii*** = Station
2. ***säthäanii-dtamrùat*** (Station-Polizei = Wache)
3. ***säthäanii-rôt-bpràjam-thaang*** (Station-Wagen-Linie = Haltestelle)
4. ***säthäanii-rôt-fai*** (Station-Eisenbahn = Bahnhof)
5. ***säthäanii-thùut*** = Botschaft

5. Station

1. สถานี
2. สถานีตำรวจ
3. สถานีรถประจำทาง
4. สถานีรถไฟ
5. สถานทูต ฯ

Thai-Zeit

5

Die Thai haben ein anderes Zeitverständnis als die Deutschen, die ohnehin in dieser Beziehung als besonders rigoros gelten. In Bangkok ist es normal, zu spät zu kommen. Die einfachste und häufigste aller Ausreden ist dort nach wie vor *rôt dtìt* (wörtlich: Wagen klebt = Verkehrsstau). Heute müssen die Wartenden dank Handy allerdings nicht mehr lange im Ungewissen bleiben.
Was uns unpünktlich erscheint, ist häufig eine Angelegenheit von *sädüak* (günstig, gelegen) oder *mài sädüak* (ungelegen). Wer Erfahrungen mit *nât thai* (Thai-Verabredungen) hat, weiß, dass die eingeladene Person wahrscheinlich nicht pünktlich eintreffen wird, vielleicht gar nicht. Wenn etwas dazwischen gekommen ist, der Besuch zu dem vereinbarten Zeitpunkt also *mài sädüak* (ungelegen) war, dann ist das kein Zeichen von mangelndem Respekt oder schlechter Kinderstube. Thai akzeptieren, dass das soziale Geflecht kompliziert ist und immer etwas Unerwartetes eintreten kann.
Mit einer wichtigen Ausnahme: Wird eine Zeremonie mit Mönchen (Hauseinweihung, Hochzeit u. Ä.) vereinbart, setzen diese einen in religiösem Sinne günstigen Zeitpunkt fest, z. B. 6.56 Uhr. Dann erscheint niemand zu spät, eher ein oder zwei Stunden zu früh.
Ungewohnt ist für uns auch die Unbekümmertheit, mit der Thai um sechs Uhr morgens oder um Mitternacht anrufen, wenn es ihnen eben *sädüak* (günstig) ist …

Stundenangaben im Thai:
Vorsicht, Unregelmäßigkeiten (!)

dtii-nüeng = 1 Uhr
dtii-sáwng = 2 Uhr
dtii-sáam = 3 Uhr
dtii-sìi = 4 Uhr
dtii-hàa = 5 Uhr
hök-moong-châo (!) = 6 Uhr
moong-châo (!) = 7 Uhr
sáwng-moong-châo = 8 Uhr
sáam-moong châo = 9 Uhr
sìi-moong-châo = 10 Uhr
hàa-moong-châo = 11 Uhr
thìang-wan = 12 Uhr
bäai-moong = 13 Uhr
bäai-sáwng-moong = 14 Uhr
bäai-sáam-moong = 15 Uhr
sìi-moong-yen = 16 Uhr
hàa-moong-yen = 17 Uhr
hök-moong-yen = 18 Uhr
nüeng-thùm = 19 Uhr
sáwng-thùm = 20 Uhr
sáam-thùm = 21 Uhr
sìi-thùm = 22 Uhr
hàa-thùm = 23 Uhr
thìang-khuen = 24 Uhr

6

Mit dem Skytrain

Die Hochbahn ist nach Jahrzehnten der Planung und Diskussionen – nicht zuletzt wegen häufig wechselnder Regierungen – erst Ende 1999 endlich fertig gestellt worden.

Das Wechselgeld für die Fahrkartenautomaten erhält man übrigens meist wortlos, man nennt nur den Betrag, für den man Münzen benötigt, z. B.
sìi-sìp bäat = 40 Baht.

Die Idee mit dem Chatuchak-Markt gefällt Hilde. So kann sie ihren ersten Trip mit dem *rôt-faifâa* (wörtl. Elektrowagen), wie der Skytrain auf Thai heißt, mit einem Einkaufsbummel in Bangkok verbinden. Nach einem ausgiebigen Frühstück geht sie zur *satháanii* (Station) ganz in der Nähe ihres Hotels. Sie kauft sich am Automaten problemlos eine Magnetkarte. Das nötige Wechselgeld dafür hatte sie sich zuvor am Schalter besorgt. *Khun mii rían sìp bäat mái khrâp?* (Haben Sie 10-Baht-Münzen?), fragte sie den Mann am Schalter. Dann steigt sie einen Stock höher zum Bahnsteig in Richtung Endstation Mo Chit und muss nicht lange auf den nächsten Zug warten. Drinnen ist es *yen säbaai* (angenehm kühl). Hilde findet einen *thìi-nàng* (Sitzplatz) und genießt die Fahrt hoch über der Straße und dem ewigen Verkehrsstau.
Am Ziel zieht es die meisten Fahrgäste zum Chatuchak-Markt, der neben dem gleichnamigen Park liegt. Es dauert nicht lange und Hilde ist mitten im Gedränge und *dtäw-rawng* (handelt) um ein T-Shirt: *Löt raakhaa näwi dài mâi khâ?* (Können Sie mit dem Preis noch etwas heruntergehen?)

Bpai säthάanii

6 A

▶ 1/32

rían	Münze
lawng duu	nachsehen
näwi	etwas, ein wenig, wenig
díao	Moment
díao-díao!	Moment, bitte!
phaw	genug, genügend
bâeng	Banknote
bpläo	leer, nicht
wàa	ob, dass
rôt-fai-fâa	elektrischer Zug, Skytrain
bäwi	oft
thûk	alle, jede/-r/-s
naathii	Minute/-n

● Bpai säthάanii Máw-Chît thàoräi khâ?	Wie viel kostet es zur Station Mo-Chit zu fahren?
■ Sïi-sïp bäat khrâp. Khun mii rían sïp bäat mái khrâp?	40 Baht. Haben Sie 10-Baht-Münzen?
● Jä lawng duu näwi. Díao-díao! Dï-chán mii rían mài phaw khà. Mii bâeng hàa-sïp bäat thàonân.	Ich schau einmal nach. Moment bitte! Ich habe nicht genug Münzen. Ich habe nur eine 50-Baht-Banknote.
■ Mài bpen rai khrâp. Nîi rían sïp-bäat hàa rían khrâp.	Das macht nichts. Hier sind fünf 10-Baht-Münzen.
● Khäwp-khun màak khà.	Vielen Dank.
■ Khun ruu rúe bpläo wàa bpai yäang-rai khrâp?	Wissen Sie, oder nicht, wie man fährt?
● Ruu lâeo, khàwp-khun khà. Rôt fai-fâa maa bäwi mái khâ?	Ich weiß schon, danke. Kommt der Skytrain oft?
■ Rôt maa thûk sáam-sïi naathii.	Der Skytrain kommt alle 3 bis 4 Minuten.

lawng duu
wörtlich: versuchen, sehen

bpai säthάanii ...
nach/zur Station ... fahren

rían sïp bäat (Münze-zehn-Baht = zehn-Baht-Münze)
rían sïp-bäat hàa rían (Münze-10-Baht 5 Münzen = fünf 10-Baht-Münzen): Münzen ist ein K-Wort, das zum Zählen verwendet wird. (Erklärung auf S. 44)

näwi (etwas, ein wenig) wird häufig verwendet, um Bitten weicher, weniger schroff und höflicher zu formulieren.

wàa
Eines der vielen kleinen, vielseitigen Wörter:
ruu wàa = wissen, wie ...
Häufig bei indirekter Rede:
khâo bäwk wàa = Er/Sie sagte, dass ...
khun wàa ärai? = Was sagten Sie?

Mo-Chit wird ***„Máw Chît“*** ausgesprochen.

rúe bpläo = oder nicht

6 A

Übungen

Ohren auf, Augen zu und durch!
bai ist übrigens das K-Wort (s. S. 43) für Banknoten und Fahrkarten, aber auch für diverse runde und hohle Gegenstände.

1. Zungengymnastik

▶ 1/33

1. Khun mii rían hàa bäat mái khâ?
2. Mài mii khrâp, mii rían sïp bäat thàonân.
3. Khun mii bâeng râwi bäat mái khâ?
4. Mii bâeng râwi bäat sáwng bai lae' bâeng yìi-sïp bäat sïi bai khrâp.

Setzen Sie bitte die Beträge ein. Lassen Sie sich ruhig Zeit. Der Beispielsatz zeigt, wie es geht.
Zur Erinnerung: ***rian*** (Münzen), ***bâeng*** (Banknoten), ***bai*** (K-Wort für Banknoten), z. B. 4.: ***bâeng*** 20-Baht ***sïi bai***.

2. Ich habe drei 5-Baht-Münzen

Phóm/Dï-chán mii rían ***hàa-bäat sáam rían***.

1. drei 5-Baht-Münzen
2. fünf 10-Baht-Münzen
3. sechs 100-Baht-Banknoten
4. vier 20-Baht-Banknoten
5. zwei 500-Baht-Banknoten
6. eine 1000-Baht-Banknote und sieben 500-Baht-Banknoten

Wie, ob, dass – alle drei Wörtchen kommen in diesen Sätzen vor:
In den Sätzen 5 und 6 gibt es zwei Möglichkeiten. Die Übung ist nicht einfach, aber Sie dürfen ja spicken.

3. Bitte auf Thai

1. Wissen Sie, wie viel eine Fahrt nach Bangkok kostet?
2. Ich weiß nicht, wie ich fahren (soll).
3. Weißt du, wie man günstig fährt?
4. Ich weiß nicht, ob der Skytrain kommt oder noch nicht.
5. Weißt du, ob der Skytrain heute kommt?
6. Weißt du nicht, ob Hans heute ankommen wird?

Wir würden sagen: Was kostet die Fahrt/der Flug nach ...? Die Thai haben da eine einfachere Formel mit „wie viel?“.

4. Wie teuer ist es nach ...?

Bpai ***Gkrung-thèep*** *thàoräi?*

1. Gkrung-thèep
2. bpräthèet yoeraman
3. mueang thai
4. dtäläat Jädtüjäk

Hätten Sie gedacht, dass sich Tiger und Schmetterling so ähnlich sind?

5. Tiger und Schmetterlinge

▶ 1/34

1. súea = Tiger
2. lùuk-súea = Pfadfinder (Tigerkind)
3. sùea = Hemd
4. phíi-sùea = Schmetterling

An-nîi thàoräi?

6 B

▶ 1/35

an-nîi	dies (dieses Ding)
sùea	Hemd
sùea-yùeht	T-Shirt
dtua	Körper (Kategorie-Wort für Hemden)
phaehng	teuer
löt	senken, verringern
raakhaa	Preis
kháai	verkaufen
oogkee	okay
sûe	kaufen
thàa	falls, wenn

● An-nîi thàoräi khâ?	Wie viel kostet dies?
■ Sùea-yùeht dtua-nîi sáwng-râwi hàa-sïp bäat khrâp.	Dieses T-Shirt kostet 250 Baht.
● Phaehng màak.	Sehr teuer.
■ Mài phaehng* thàoräi khrâp.	Nicht so teuer.
● Löt raakhaa näwi dài mâi khâ?	Können Sie den Preis noch etwas senken?
■ Dài khrâp.	Kann ich.
● Kháai nüeng-râwi bäat dài mâi khâ?	Können Sie es für 100 Baht verkaufen?
■ Mài dàai. Sáwng-râwi bäat oogkee mái khrâp?	Kann ich nicht. Sind 200 Baht okay?
● Jä sûe thàa khun kháai râwi hàa-sïp bäat khà.	Ich werde es kaufen, wenn Sie es für 150 Baht verkaufen.
■ Oogkee, râwi hàa-sïp bäat khrâp.	Okay, 150 Baht.

-nîi (diese/-r/-s)
steht wie ein Adjektiv hinter dem Substantiv:
an-nîi (Ding-dieses = dieses)
raakhaa-nîi (Preis-dieser = dieser Preis)

K-Wörter
Bei Mengenangaben verwendet man im Thai wie in anderen asiatischen Sprachen Kategorie- bzw. Klassifikationswörter (K-Wörter). Im Deutschen gibt es Ähnliches: zwei **Scheiben** Brot, drei **Blatt** Papier.
Das Thai verfügt über mehr als 60 K-Wörter.
In Wörterbüchern stehen sie meist hinter den Substantiven in Klammern (K: ...).
Wortstellung:
Hauptwort + Zahl + K-Wort:
sùea sáam dtua
= drei Hemden.
Kennen Sie das K-Wort nicht, benutzen Sie ***an*** = Gegenstand:
z. B. ***sùea sáam an*** (Hemd-drei-Gegenstand = drei Hemden).
In der Kurzgrammatik im Anhang finden Sie eine Liste gebräuchlicher K-Wörter.

... näwi dài mâi ...?
wörtl.: ein wenig können?
näwi (etwas, ein wenig) macht die Frage höflicher.

* Die Pause im gesprochenen Dialog in den Audios zwischen *phaeng* und *thàoräi* sollte eigentlich nicht sein, der Satz bedeutet dann nämlich: „nicht teuer – wieviel kostet es?"

6 B

Übungen

Bitte nachsprechen. Also Ohren auf und Sprechwerkzeuge ordentlich zum Einsatz bringen, dann steht dem Einkaufsbummel nichts mehr im Weg.

1. Wie viel kostet ...?

▶ 1/36

1. An-nîi thàoräi khrâp?
2. An-nîi sïi-râwi hàa-sïp bäat khà.
3. Sùea dtua-nîi thàoräi khâ?
4. Dtua-nîi hök-râwi sáam-sïp bäat khrâp.
5. Jä sûe sáwng dtua khà.

Finden Sie ohne Hilfe heraus, was wohin gehört? Zur Erinnerung: ***an*** (Ding, Sache, Gegenstand) passt immer, wenn Sie ein K-Wort nicht kennen.

2. Was gehört wohin?

wan – dtua – khuehn – hàwng

1. Sùea-yùeht ________ -lâ' thàoräi?
2. Hàwng ________ -lâ' thàoräi?
3. Dtiang yäi ________ -lâ' thàoräi?
4. Thoorâsäp-mue-thúe ________ -lâ' thàoräi?

Auf Thai bitte! Beginnen Sie bei den Sätzen 2, 3, 5 immer mit T-Shirt, dann ggf. mit dem Kategoriewort.

3. T-Shirts

1. Was kostet dies?
2. Was kostet dieses T-Shirt?
3. Was kosten drei T-Shirts?
4. Ich kaufe drei Stück, wenn Sie sie für 350 Baht verkaufen.
5. 200 Baht pro Stück sind sehr teuer.
6. Können Sie mit dem Preis noch heruntergehen?

Was möchten Sie kaufen? Setzen Sie ein! Hinweis: Manche Begriffe haben kein eigenes K-Wort, da wird dann der Begriff wiederholt.

4. Großeinkauf

*Jä sûe **dtiang sáwng dtiang** thàa khun lôt raakhaa.*

1. dtiang sáwng dtiang
2. rían hök rían
3. sùea sïi dtua
4. thoorâsäp-mue-thúe sáam an

0, 1, 2, 3, 4, 5, 6, 7, 8, 9, 10, 11 ... alle weiteren Zahlen werden aus diesen Ziffern zusammengesetzt.

5. Ziffern

0. ๐	4. ๔	8. ๘
1. ๑	5. ๕	9. ๙
2. ๒	6. ๖	10. ๑๐
3. ๓	7. ๗	11. ๑๑

Die Kunst des Handelns

Thailändische Ehefrauen sind wichtig, sie verwalten nämlich das Einkommen. Man hält sie für verantwortungsbewusster als ihre Männer. Die haben den Ruf, das Geld häufiger zu verspielen, zu vertrinken oder für andere Vergnügen auszugeben.
Das durchschnittliche Haushaltseinkommen der Thai beträgt nur einen Bruchteil von unserem – da ist Sparen angesagt, zumal die Kosten der Kindererziehung auch in Thailand sehr hoch sein können. Also gehört in Thailand *gkaan-dtäw* (Handeln) ganz selbstverständlich zum Einkauf. Es sollte immer ein freundliches, entspanntes Spiel sein. In Kaufhäusern und Supermärkten gelten feste Preise, auch im öffentlichen Nahverkehr, in Lokalen und überall dort, wo die Preise angeschrieben stehen – mit Ausnahme von Märkten, auf denen bei CDs, T-Shirts u. Ä. immer noch etwas geht. Wenn etwa drei CDs 250 Baht kosten, dann kann man vielleicht fünf CDs für 350 Baht erstehen.
Bevor Sie richtig zu handeln beginnen, sollten Sie immer erst etwas herumschlendern und vergleichen, um den günstigsten Preis besser einschätzen zu können. Dort, wo in erster Linie Touristen einkaufen, wird der Preis oft doppelt so hoch angesetzt. Sie sollten bei Ihrem ersten Preisangebot also möglichst tief stapeln. Sie merken dann schnell, ob Sie zu weit gegangen sind, der Händler will ja schließlich auch etwas verdienen. Anschließend kommt man sich dann Schritt für Schritt entgegen.

In vielen Schmuckläden liegt der reelle Preis bei der Hälfte des angegebenen Betrages. Das hat Tradition, gilt aber nicht für die Schmuckpaläste, in die Touristen gern gefahren werden (siehe S. 77). Denn diese müssen Provision zahlen an die Taxi-, Tuk-Tuk- oder Busfahrer, die Touristen vorbeibringen.

Auch Hotels bieten oft Sonderpreise. Voraussetzung ist, dass genug Zimmer frei sind, z. B. in der Nebensaison, und man länger bleibt als nur ein paar Tage.

7

Im Kaufhaus

Die Angaben der Stockwerke unterscheiden sich von unseren, da das Erdgeschoss bereits als ***chân nüeng*** (1. Stock) gezählt wird.

dtua ist ein gutes Beispiel für die Vielseitigkeit eines K-Wortes (s. S. 43):
1. Tiere, Fische, Insekten
2. Alles, was Beine hat: Tische, Stühle, aber auch Kleidungsstücke mit Armen oder Beinen, z. B. Hosen und Hemden.

Ein paar nützliche Vokabeln:
khwaam-ráwn = Hitze
sä-wàai-nâm = Schwimmbecken
hàang säp-phâ-sínkhâa = Kaufhaus

Im Kaufhaus
Man bezahlt und wenig später bringt die Verkäuferin Wechselgeld, Quittung und die verpackte Ware.

Hilde ist geschafft. Nach mehreren Stunden Hitze und Gedränge auf dem Markt fährt sie zurück ins Hotel und erholt sich erst einmal am Pool. Abends ist sie wieder bei Kräften und bummelt in Richtung eines nahe gelegenen Kaufhauses. Es ist um diese Zeit noch heiß, deshalb flüchtet sie in den klimatisierten Konsumtempel.
Im *chân sáwng* (2. Stock) befindet sich die Damenabteilung. Sie möchte sich *gkaang-gkeng-kháa-sàn nüeng dtua* (ein Paar Shorts) kaufen. Die Verkäuferin zeigt ihr eine kleine Auswahl. *Síi üehn mii mái khâ?* (Haben Sie andere Farben?), *síi nìi mài chàwp* (diese Farben mag ich nicht). Die Verkäuferin bringt eine neue Auswahl herbei. *Thammai phaehng nâk lâ'?* (Warum so teuer?), Hilde ist überrascht über den Preis. *Khunnaphàap dii màak khà* (Die Qualität ist sehr gut), antwortet die *phânâk-ngaan-kháai* (Verkäuferin) ungerührt. Hilde fragt nach einem preiswerteren Stück. Mit der Farbe *síi-fâa* (hellblau) ist sie aber zufrieden. Nach kurzer Suche wird die Verkäuferin fündig.
Am Sonntagabend zieht es Hilde erneut zu einem Markt, dem beliebten Lumpini-Nachtmarkt. Erstmals fährt sie mit einem *dtûk-dtûk* (Tuk-Tuk) und handelt den Preis für die Fahrt aus. Bei 35 Baht willigt der Fahrer ein: *Sáam-sïp-hàa bäat, gkaw lâeo gkan* (35 Baht, weniger geht nicht).

Mii thüuk gkwäa nìi mái khâ?

1/37

gkaang-gkeeng-kháa-sàn	Shorts
dtua	Stück, Paar
raw	warten
sîi	Farbe
üehn	andere/-r/-s
chàwp	mögen
sîi-fâa	hellblau
nüeng	ein/-e/-r/-s (Gegenstand)
thammai?	warum?
nâk	sehr, so
khunnaphàap	Qualität
thüuk	billig
gkwäa	Wort zur Komparativbildung

● Säwät-dii khà.	Guten Tag.
■ Säwät-dii khà.	Guten Tag.
● Kháw gkaang-gkeng-kháa-sàn nüeng dtua khà.	Ich möchte ein Stück Shorts.
■ Raw díao khà.	Warten Sie einen Moment.
● Khun mii sîi üehn mái khâ? Sîi nîi mài chàwp.	Haben Sie andere Farben? Diese Farben mag ich nicht.
■ Thìi-nîi mii nüeng dtua sîi-fâa. Khun chàwp dtua-nìi mái khâ?	Hier habe ich ein hellblaues Stück. Mögen Sie dieses?
● Chàwp khà. Raakhaa thàorài khâ?	Mag ich. Preis wie viel?
■ Raakhaa hòk râwi bäat khà.	Der Preis ist 600 Baht.
● Thammai phaehng nâk lâ'?	Warum so teuer?
■ Khunnaphàap dii màak khà.	Die Qualität ist sehr gut.
● Mii thüuk gkwäa nìi mái khâ?	Haben Sie billigere als diese?
■ Mii khà. Raw díao khà. Dtua-nîi sìi-râwi hàa-sìp bäat khà.	Haben wir. Warten Sie einen Moment. Dieses kostet 450 Baht.
● Dtàwng-gkaan dtua-nîi khà.	Ich möchte dieses.

7A

gkaang-gkeeng = Hose
gkaang-gkeeng-kháa-sàn
wörtlich: Hose-Bein-kurz

sîi-fâa
wörtlich: Farbe-Himmel

nüeng = eins
nüeng dtua ... = ein Stück ...
(hier: eine Shorts)

Steigerung
1. Komparativ:
Adjektiv + ***gkwäa***
thüuk = billig
thüuk gkwäa = billiger

2. Superlativ:
Adjektiv + ***thìi-süt***
phaehng = teuer
phaehng thìi-süt
= am teuersten

Bei Veränderungen nimmt man die Verben ***khùen*** (aufsteigen, zunehmen) bzw. ***long*** (absteigen, abnehmen).
ùan khùen
(dick-zunehmen = dicker)
pháwm long
(dünn-abnehmen = dünner)

dii khùen
= es wird/ist besser
aagkaan
= Zustand, Symptom
aagkaan dii khùen
= es geht mir besser (bei Krankheiten)

ich
Sie haben für „ich" ***phóm*** bzw. ***(dî-)chán*** gelernt, aber da gibt es noch mehr, hängt jeweils vom eigenen Status und dem des Gegenüber ab. Thai verwenden gern Titel und Verwandtschaftsbezeichnungen, für sich selbst oft auch den eigenen Namen.

7 A

Übungen

Es geht hier wie immer um genaues Zuhören und Sprechen, aber Sie sollten natürlich auch den Inhalt verstehen.

1. Nachsprechen und verstehen

▶ 1/38

1. Wan-nîi dii gkwäa phrùng-nîi.
2. Dtua síi-fâa phaehng gkwäa dtua síi-sòm.
3. Khun Somporn ùan khùen.
4. Khun Wilai pháwm long.
5. Phóm chàwp síi-nâm-ngoen màak thìi-süt.
6. Gkaang-gkeeng-kháa-sàn dtua nìi phaehng thìi-süt.

Steigern Sie die Adjektive mit ***gkwäa*** und ***thìi-süt***, eine unserer leichteren Übungen.

2. Steigerung

dii – dii ***gkwäa*** *– dii* ***thìi-süt***

1. dii
2. phaehng
3. thüuk
4. yäi
5. gkëng

„Ich möchte ein T-Shirt, das ....-er ist als dieses."
Mit diesem Satz können Sie – leicht abgewandelt – natürlich auch andere Dinge kaufen.

3. Größer, besser, billiger ...

Kháw sùea-yùet ***thüuk*** *gkwäa nìi.*

1. thüuk
2. yäi
3. mài phaehng
4. dii
5. sädüak

Keine Übung für Franken oder Pfälzer. Hier kommen zwei verschiedene Anfangsbuchstaben vor, hören Sie den Unterschied zwischen b und p?

4. p oder bp?

▶ 1/39

1. phaa = begleiten, mitnehmen
2. pháa = Fels
3. phàa = Stoff
4. bpäa = Wald
5. bpaa = werfen

Gkaw lâeo gkan

▶ 1/40

dàiyin	hören
jing	wirklich, wahr
jing-jing	wirklich (Adverb)
nàng	sitzen, sich setzen
rôt-thâeksìi	Taxi
thìi-nûun	dort, dorthin, dort hinten
rôt dtìt	Stau
nâmman	Öl, Benzin
gkaw lâeo gkan	mehr/weniger geht nicht*

● Dì-chán dàiyin wäa Lumpini Night Market dii màak.	Ich hörte, dass der Lumpini-Nachtmarkt sehr gut ist.
■ Dii jing-jing.	Wirklich gut.
● Bpai yäang-rai dii khâ?	Wie fahre ich gut?
■ Nàng rôt-thâeksìi dii gkwäa.	Besser in ein Taxi setzen.
● Bpai thìi-nûun thàoräi khâ?	Dorthin zu fahren ist wie teuer?
■ Mài phaehng – hök-sìp bäat thàonân.	Nicht teuer – nur 60 Baht.
● Phaehng bpai, sáam-sìp bäat dài mâi khâ?	Zu teuer, geht es mit 30 Baht?
■ Mài dàai – rôt dtìt, nâmman phaehng – sáam-sìp-hàa bäat gkaw lâeo gkan.*	Geht nicht – Stau, Benzin teuer – 35 Baht, weniger geht nicht.
● O. K., bpai!	O. K., fahren wir!

rôt dtìt (Wagen-kleben = Stau)

Adjektiv + *bpai* = zu ...
phaehng = teuer
phaehng bpai = zu teuer

In Wirklichkeit heißt der Markt: *Suan Lum Night Bazar*.

rôt-thâeksìi
Hier ist das Dreirad-Taxi ***dtûk-dtûk*** (Tuk-Tuk) gemeint, denn die Bangkoker Taxis fahren mit ***thâeksìi-mît-dtoe*** (Taxameter). Und da ist Handeln unnötig, auch wenn es manche Fahrer bei Touristen versuchen.
Also: Im Zweifel immer auf Einschalten des Taxameters bestehen.

nàng rôt-thâeksìi = Taxi besteigen/einsteigen
Bei Taxis sagt man ***nàng*** statt ***khùen.***

****gkaw lâeo gkan***
Die wörtliche Übersetzung „auch schon zusammen" macht wenig Sinn, die Redewendung ist aber praktisch beim Handeln: letztes Angebot (für Kunden: nach oben, für Anbieter: nach unten).

7 B

Übungen

Solche oder ähnliche Dialoge können Sie immer gut gebrauchen. Deshalb genau zuhören und nachsprechen. Was bedeuten die Sätze?

1. Bitte nachsprechen

1/41

1. Bpai dtäläat Jädtüjäk thàoräi khrâp?
2. Jët-sïp bäat thàonân.
3. Lôt nâwi dài mâi khrâp?
4. Mài dàai, rôt dtït màak.
5. Hàa-sïp bäat gkàw lâeo gkan.

Aber was ist zu viel? Inzwischen sind Sie mit den Adjektiven schon gut vertraut. Zur Erinnerung: zu viel von etwas = Adjektiv + ***bpai***

2. Zu viel ist zu viel!

An-nîi ***màak*** *bpai.*

1. màak
2. ngàai
3. phaehng
4. thüuk
5. yäi

Verhandeln Sie auf Thai um den Fahrpreis. Wenn Sie Hilfe brauchen, sehen Sie sich einfach nochmals den Dialog 7B an oder Übung 1.

3. Zu teuer

1. Wie fahre ich am besten zum Lumpini-Nachtmarkt?
2. Am besten mit dem Taxi.
3. Was kostet es zum Lumpini-Nachtmarkt?
4. Nur 120 Baht.
5. Zu teuer, geht (es mit) 80 Baht?
6. 90 Baht, weniger geht nicht.

4. Wagen

1. รถยนต์
2. รถไฟ
3. รถไฟฟ้า
4. รถบรรทุก
5. รถพยาบาล
6. รถเมล์

1. ***rôt-yon*** (Wagen-Motor = Auto)
2. ***rôt-fai*** (Wagen-Feuer = Eisenbahn)
3. ***rôt-fai-fâa*** (Wagen-elektr. = elektr. Zug/Skytrain)
4. ***rôt-banthúk*** = Lkw
5. ***rôt-phayabaan*** (Wagen-Pflege = Krankenwagen)
6. ***rôt-mee*** (Wagen-Mail = Stadtbus)

Die Farbe des Tages

7

Aberglaube oder nicht – auch die Thai glauben an *chòok dii* (Glück) und *chòok mài dii* (Pech). Pech gilt es natürlich zu vermeiden, wobei glücksbringende Farben helfen. So ist jedem Tag der Woche eine Farbe zugeordnet. Früher kleidete man sich sogar entsprechend der Tagesfarbe. Heute sind es vor allem Frauen, die diesen Brauch noch pflegen.
Ob Zufall oder nicht –, wenn Sie als Ausländerin die richtige Tagesfarbe tragen, werden Sie vielleicht darauf angesprochen. Ihr Wissen um die Tradition der Farbe des Tages kann dabei als kultureller Türöffner fungieren: Die Thai freuen sich über Interesse an ihren Sitten und Gebräuchen. Ein Wort zum „kleinen Schwarzen“: Bei jungen Leuten gilt heutzutage Schwarz als ebenso schick wie bei uns, aber unter älteren Thai ist Schwarz die Farbe der Trauer, die man vorwiegend zu Trauerfeiern trägt.
Die Mehrheit der Thai sind Buddhisten, und jeder Tag der Woche hat seinen Buddha mit bestimmter Körperhaltung und Geste. Der Buddha des Tages, an dem jemand geboren ist, gilt als besonders Glück verheißend. In den *wât* (Tempeln) sind die Buddhas der Wochentage aufgereiht. Doch wundern Sie sich nicht, wenn es acht sind: Für den Mittwoch gibt es zwei Buddhas.

Farben
sĭi-dam = schwarz
sĭi-kháao = weiß
sĭi-thao = grau
sĭi-nâm-ngoen = blau
sĭi-nâm-dtaan = braun
sĭi-khíao = grün
sĭi-daeng = rot
sĭi-chompuu = rosa
sĭi-lúeang = gelb
sĭi-sòm = orange
sĭi-ngoen = silbern
sĭi-thawng = golden

Farben der Wochentage
Montag: Gelb
Dienstag: Rosa
Mittwoch: Grün
Donnerstag: Orange
Freitag: Blau
Samstag: Violett
Sonntag: Rot

8

Zu Besuch bei Nithaya

Die *sawi* (*soi* = Seitenstraßen) der großen Straßen sind nummeriert (links ungerade, rechts gerade), haben häufig aber auch noch einen Eigennamen.

Fährt man mit dem ***rôt-ae*** (Aircon-Bus), muss man das Ziel nennen, denn der Preis richtet sich nach der Entfernung. Bei normalen Bussen gilt ein Einheitspreis. Achtung: Busse mit gelben Schildern fahren Sonderrouten, z. B. über eine Stadtautobahn.

Hausnummern
bàan lèk-thìi ... thâp ...
(Haus Nummer-welche ... Schrägstrich ...) Neu hinzugekommene Häuser teilen sich eine Hausnummer.

Geschwister
phìi-chaai = älterer Bruder
phìi-sáao = ältere Schwester
nâwng-chaai = jüngerer Bruder
nâwng-sáao = jüngere Schwester

Die Fahrt zum Haus Nithayas in der Sukhumvit Soi 33 ist eigentlich ganz einfach. Hilde kann mit dem Skytrain zwei Stationen fahren und ist direkt am Beginn der Soi 33 der Sukhumvit. Bequemer ist es in diesem Fall mit dem Bus, der vor dem Hotel hält. Sie nennt der *khon-gkëp-ngoen* (Schaffnerin) Nithayas Seitenstraße: *sáam-sïp-sáam* (Soi 33) und zahlt acht Baht. Dort angekommen sieht sie *mawdtoesai-râp-jàang* (Motorrad-Taxis) am Beginn der Soi 33 auf Kundschaft warten. Da sie nicht weiß, wie weit es bis zu Nithayas Haus ist, lässt sie sich bequem bis vor die Haustür kutschieren.
Hilde klingelt und ein Mann öffnet das Tor zum Grundstück. Sie fragt nach Nithaya: *Dï-chân chùe Hilde, mii nât gkäp khun Nithaya* (Ich heiße Hilde, ich habe eine Verabredung mit Nithaya). Es wird sich bald herausstellen, dass sie mit Nithayas jüngerem Bruder gesprochen hat.
Er weiß nicht, ob Nithaya schon zu Hause ist, aber da kommt sie schon und bestürmt Hilde gleich: *Gkin-khàao lâeo rúe yang?* (Hast du schon gegessen?) Hilde fühlt sich fast überrumpelt von diesem Empfang: *Yang* (Noch nicht), bringt sie gerade noch heraus. Zum Glück schaltet Nithaya einen Gang zurück: *Choehn khùen baan gkäwn, dtaam säabai* (Bitte, komm erst einmal ins Haus herein, mach es dir bequem).

Màì nàe-jai

8 A

▶ 1/42

nât	Verabredung
nàe(-jai)	sicher (wissen)
säk-khrùu	Moment, Augenblick
nâ?	nicht wahr? (Partikel)
duu	sehen
khît	denken, glauben
bàan	Haus
khawi	warten
gkawn	vorher, erst einmal

● Säwät-dii khà.	Guten Tag.
■ Säwät-dii khrâp. Khun bpen khrai khrâp?	Guten Tag, wer sind Sie?
● Dï-chân chùe Hilde, mii nât gkäp khun Nithaya.	Ich heiße Hilde, ich habe eine Verabredung mit Frau Nithaya.
■ Khrâp.	Ja (ich verstehe).
● Yüu mâi khâ?	Ist sie da?
■ Màì nàe-jai. Raw säk-khrùu nâ khrâp?	Ich bin (mir) nicht sicher. Warten Sie einen Moment, nicht wahr?
● Mmh ...	Mmh ...
■ Jä bpai duu, wàa khun Nithaya yüu rúe bpläo	Ich werde gehen und nachsehen, ob Frau Nithaya da ist oder nicht.
● Khà.	Ja.
■ Phóm khît wàa yüu nai bàan.	Ich denke, dass sie im Haus ist.
● Khun màì ruu rúe wàa khun Nithaya gkläp maa lâeo rúe yang?	Sie sind (sich) nicht sicher, ob Frau Nithaya schon zurückgekommen ist oder noch nicht?
■ Màì nàe-jai khrâp.	Ich bin mir nicht sicher.
● Jä khawi gkawn.	Ich werde erst einmal warten.

duu
sehen, auch: nachsehen, ansehen

Wegen der Töne werden auf Thai Stimmungen u. Ä. nicht durch Heben der Stimme oder Betonung ausgedrückt, sondern durch Partikeln. Eine häufig verwendete ist ***nâ?*** = nicht wahr? (siehe auch S. 63).

Fragen über Fragen
Normalerweise ***mâi***, erwartet man eine Antwort:
rúe? = oder (nicht)?
rúe bpläo? = oder nicht?
rúe yang? = oder noch (nicht)?

kham = Wort
tháam = fragen
kham-tháam = Frage

raw und ***khawi*** (warten) kann man gleichberechtigt benutzen.

Verb + *yüu*
zeigt eine Handlung an, die gegenwärtig abläuft:
raw yüu lâeo = wartet bereits, wartet gerade (entspricht etwa der englischen continuous form)

nai = in
yüu nai bàan = sich im Haus befinden

8 A

Übungen

Bitte nachsprechen! Wer verabredet ist, kann dieses Zungentraining gleich in der Praxis und in Echtzeit anwenden.

1. Verabredung

▶ 1/43

1. Khun bpen khrai?
2. Phóm chùe Stefan, maa jäak bpräthèet yoeraman.
3. Phóm mii nât gkäp khun Somnueck.
4. Gkläp maa lâeo rúe yang?
5. Mài nàe-jai, jä bpai duu wàa yüu nai bàan rúe bplao.
6. Phóm khît wàa khun Somnueck raw yüu lâeo.

Bitte ordnen Sie die Sätze!
1. beginnt mit ***phóm*** (es gibt zwei Varianten),
2. startet mit ***dï-chân*** und
3. mit ***mài***.

2. Satzsalat

1. mài phóm wàa khun Puanglek nai khît bàan yüu
2. khun dï-chân nât mii gkäp Nithaya
3. yang mài khun Melanie wàa gkläp nàe-jai lâeo maa rúe

Suchen Sie aus der Auswahlliste für jede Lücke das passende Verb. Das fällt Ihnen sicher nicht schwer, oder etwa doch?

3. Lückenfüller

bpai duu – gkläp – khît – mii – yüu

1. Jä _____ _____ wàa Khun Nithaya _____ rúe bpläo.
2. Phóm _____ nât gkäp Khun Môt.
3. Dï-chân _____ wàa Khun Lêk yang mài _____ bàan.

säi/säai falsch ausgesprochen kann für Thai sehr amüsant klingen: ***gkaafae*** (Kaffee) ***säi*** (hinzufügen) ***nom*** (Milch) = Kaffee mit Milch, dagegen ***gkaafae säai nom*** = Kaffee mit den Brüsten wackeln.

4. Geschüttelt, nicht gerührt

▶ 1/44

1. sài = Darm
2. säi = anziehen, hinzugeben
3. sái = durchsichtig
4. säai = schütteln, wackeln
5. saai = Sand
6. sâai = links

Gkin-khàao dûai-gkan mái?

1/45

yangngai?	wie? (umgangssprachlich)
naan	lange, lange Zeit
phôp	treffen, begegnen
dûai-gkan	zusammen
gkin	essen
khàao	Reis
dtaam	gemäß, angenehm
dtaam säbaai	mach es dir bequem
híu-khàao	hungrig, hungrig sein
dtàwng	müssen
gkreeng-jai	respektvoll, aufmerksam

■ Khun bpen yangngai?	Wie geht's dir?
● Säbaai-dii màak.	Es geht mir sehr gut.
■ Naan lâeo mài dài phôp gkan.	Lange schon haben wir einander nicht getroffen.
● Jing-jing.	Wirklich.
■ Gkin-khàao lâeo rúe yang?	Hast du schon gegessen oder noch nicht?
● Yang.	Noch nicht.
■ Choehn khùen bàan gkäwn.	Bitte, komm erst einmal ins Haus herein.
● Khäwp-khun.	Danke.
■ Dtaam säbaai, gkin-khàao dûai-gkan mái?	Mach es (dir) bequem, essen wir zusammen?
● Híu-khàao lâeo.	Ich bin schon hungrig.
■ Nàng gkäwn. Mài dtàwng gkreeng-jai.	Setz dich schon mal bequem hin. Du musst nicht respektvoll sein.
● Khäwp-khun màak khà.	Vielen Dank.

Vergangenheit bei Verneinung
ganz einfach:
mài dài + Verb
mài dài bpai
= Ich bin nicht gegangen/gefahren.

Verb + ***lâeo*** = ***bpai lâeo***
= schon gegangen, schon gefahren

gkin-khàao (wörtlich: essen-Reis) wird allgemein für essen verwendet.

dûai-gkan
= zusammen
gkin-khàao dûai-gkan
= zusammen essen
auch: Verb + ***gkan:***
= einander, zusammen + Verb
phôp gkan = einander treffen
chon gkan = zusammenstoßen

dtaam = folgen, gemäß
säbaai = angenehm, bequem, entspannt
dtaam säbaai
eine Floskel: wie es beliebt, mach es dir bequem

8 B

Übungen

Auch wer gar nichts versteht, kapiert zumindest, dass ein Matthias und Berlin eine Rolle spielen. Aber um was geht es wirklich?

1. Bitte nachsprechen

1/46

1. Khun chùe ärai khâ?
2. Phóm chùe Matthias.
3. Khun phôp gkan thìi nái?
4. Phóm phôp khun Wipa thìi Berlin.
5. Khun Wipa gkläp maa lâeo rúe yang?
6. Khît wàa yang.

Das Einsetzen der passenden Verben sollte problemlos sein. Bei Satz 2 und 4 gibt es zwei Möglichkeiten. Bei Unklarheiten spicken Sie ruhig im Schlüssel am Buchende.

2. Bitte füllen Sie die Lücken

gkin – híu – khùen – nàng – phôp

1. Choehn _____ bàan gkäwn.
2. Phóm _____ khàao lâeo.
3. Choehn _____ dtaam säbaai gkäwn.
4. _____ khàao lâeo rúe yang.
5. Dï-chân yang mài dài _____ khun.

Wie üblich hilft zur Not der Blick auf den Dialog 8 B. Besser wäre natürlich, Sie denken erst mal scharf nach. Beim nächsten Thai scharf essen gehen, hilft vielleicht auch.

3. Auf Thai

1. Wie geht es dir, Lena?
2. Danke, mir geht es sehr gut.
3. Lange haben wir uns nicht getroffen.
4. Wirklich.
5. Hast du schon gegessen oder noch nicht?
6. Noch nicht. Ich bin schon hungrig.

1. ***khrùeang*** (Gerät)
2. ***khrùeang-yon*** (Gerät-Motor = Motor)
3. ***khrùeang-bin*** (Gerät-fliegen = Flugzeug)
4. ***khrùeang-duehm*** (Gerät-trinken = Getränk). Auch Gewürze benutzen das Klassifikationswort ***khrùeang: khrùeang-thèet.***

4. Geräte

1. เครื่อง
2. เครื่องยนต์
3. เครื่องบิน
4. เครื่องดื่ม
5. เครื่องเทศ

Mit Herz und Gefühl

8

Dutzende, ja Hunderte von Wortverbindungen mit *jai* (Herz, wobei das Organ *húa-jai* heißt) kennen und benutzen die Thai. Meist bezeichnen die *jai*-Wörter Gefühlszustände. Einige sind uns schon geläufig, wie *jai-yen* (Herz-kühl), also ruhig bleiben, sich nicht aufregen, im Gegensatz zu *jai-râwn* (Herz-heiß). Manche Begriffe kennzeichnen zentrale Werte wie *gkreeng-jai* (Furcht-Herz), das eigentlich nicht zu übersetzen ist, denn es hat nichts mit Furcht zu tun. Es bedeutet eher Rücksicht nehmen, aufmerksam sein, Respekt zollen, zögern, um sich nicht aufzudrängen, Obacht geben, dass der Gegenüber sein Gesicht nicht verliert usw.
Ein anderer wichtiger Wert ist *nâm-jai* (Wasser-Herz), womit Großzügigkeit, Gastfreundschaft, Betroffenheit und Mitgefühl gemeint sind, also Werte, die gerade im Buddhismus von großer Bedeutung sind. *Säbaai-jai* (zufrieden-Herz) ist ein erstrebenswerter Zustand. *Mài-säbaai-jai* (nicht-zufrieden-Herz) ist dementsprechend ein unangenehmes Gefühl, das auch Thai schnellstmöglich wieder loswerden wollen.
Dem *säbaai-jai* (zufrieden-Herz) kann aber von den Mitmenschen geholfen werden: durch *láw-lèn* (Witze machen) oder *chom-choei* (Komplimente verteilen) – selbst auf die Gefahr hin, dass man *bpäak wáan* (Mund-süß = Schmeichler) geschimpft wird.

Nützliche Herz-Wörter
dii-jai (gut-Herz = froh)
jai-dii (Herz-gut = freundlich)
hài-gkamlang-jai (geben-Energie-Herz = ermutigen)
dtök-jai (fallen-Herz = erschrecken)
jai-dtèn (Herz-tanzen/springen = freudig erregt, aufgeregt)
wâi-jai (behalten-Herz = vertrauen)
màn-jai (sicher-Herz = selbstbewusst, zuversichtlich)
jing-jai (wahr-Herz = aufrichtig)

T Test 2

Wenn Sie in den Begleittexten der bisherigen Lektionen stöbern, finden Sie die Antworten.

1. Welche Antwort stimmt?

1. Der Sonntag heißt ...
   a ☐ wan-jan
   b ☐ wan-sáo
   c ☐ wan-aathît

2. Die Thai sagen für Schweizer ...
   a ☐ khon swiss
   b ☐ khon säwît
   c ☐ khon swit

3. *chân nüeng* entspricht dem ...
   a ☐ 1. Stock
   b ☐ Erdgeschoss
   c ☐ Tiefgeschoss

4. Welche Farbe bringt am Montag Glück?
   a ☐ síi-dam (schwarz)
   b ☐ síi-daeng (rot)
   c ☐ síi-lúeang (gelb)

5. *jai-yen* bedeutet ...
   a ☐ kaltherzig
   b ☐ gelassen
   c ☐ cool

Sind Sie auch nie um eine clevere Antwort verlegen? Nun, dann aber bitte auch auf Thai!

2. Fragen und Antworten

1. Gkïi-moong lâeo?
2. Wan-nîi wan-ärai?
3. Phrùng-nîi jä tham ärai?
4. Bpai Gkrung-thèep thàoräi?
5. Khun bpen yangngrai?
6. Khun Wilai gkläp maa lâeo rúe yang?

a ☐ Sáwng-râwi bäat thàonân.
b ☐ Khît wàa yang.
c ☐ Sáam thùm.
d ☐ Yang mài nàe-jai.
e ☐ Wan-nîi wan-phût.
f ☐ Phóm/Dï-chân säbaai dii màak.

3. Was fehlt?

Hier werden lauter kleine, nützliche Wörter gesucht. Welches passt wohl in die Lücke?

1. Dtüehn lâeo ___ yang?
   a ☐ lae´
   b ☐ rúe
   c ☐ mâi

2. Khun ruu rúe bpläo ___ bpai yäang-rai?
   a ☐ wàa
   b ☐ thìi
   c ☐ dài

3. Sùea-yùeht dtua-nîi ___ ?
   a ☐ khrai
   b ☐ thàoräi
   c ☐ nái

4. Khun ___ gkan thìi-nái?
   a ☐ phùut
   b ☐ maa
   c ☐ phôp

5. Dï-chân mii nât __ khun Nithaya.
   a ☐ gkäp
   b ☐ bpen
   c ☐ wàa

6. Lôt näwi ___ mâi khrâp?
   a ☐ bpai
   b ☐ süe
   c ☐ dài

4. Wie sagt man auf Thai?

Die Sätze sind hier natürlich einfacher als in den Übungen, also kein Problem, oder doch?

1. Wie viel Uhr ist es?
2. Was arbeiten Sie?
3. Wie geht es Ihnen?
4. Was kostet dies?
5. Zu teuer.
6. Können Sie etwas (mit dem Preis) heruntergehen?

9

Sehr lecker

Alles mit Reis
Gekochter Reis heißt auch *khàao-súai* (Reis-schön) bzw. *khàao háwm* (Duft-Reis).
Einige beliebte *gkäp-khàao* (mit-Reis = Gerichte):
dtòm-yam-gkùng (kochen-schneiden + mischen-Krabben = scharf-saure Krabbensuppe)
gkaeng-khíao-wáan gkäi (Curry-grün-süß-Huhn = grünes Hühnercurry)
thàwt-man-bplaa (gebraten–Knolle–Fisch = Fischküchlein)
man (Knolle, Kartoffel, auch: Fett)
khäi-jiao-múu-säp (Omelett-Schwein-gehackt)

Kaum sitzt Hilde am Tisch, werden verschiedene Gerichte, *khàao-bpläo* (Reis-leer, also Reis pur) und *gkäp-khàao* (Beilagen mit Reis), vom *khon-châi* (wörtl. Mensch-gebrauchen = Hausmädchen) hereingetragen. Sie stellt die Schüsseln in die Mitte des Tisches. Mit dem vertrauten Essbesteck *châwn* (Löffel – für die rechte Hand) und *sàwm* (Gabel – für die linke Hand) nehmen sich Hilde und Nithaya aus den Schüsseln auf ihre Teller. Die Suppe wird gleichzeitig mit den anderen Gerichten gegessen. *Gkin phët dài mâi hâ?* (Kannst du scharf essen?), fragt Nithaya. *Mài dtàwng phët thàoräi* (Es muss nicht so scharf sein), antwortet Hilde erst vorsichtig, *dtäe phët nît-näwi chàwp* (aber etwas scharf mag ich es). Nithaya fragt weiter, als wäre Hilde noch nie in ihrem Münchener Restaurant gewesen: *Aháan thai bpen yangngai?* (Wie ist Thai-Essen?) Da muss Hilde lachen: *Khun ruu lâeo, chân chàwp màak* (Du weißt schon, ich mag es sehr).
Aháan thai äräwi jing-jing (Thai-Essen ist wirklich lecker), dieses Kompliment hören alle Thai gern. Auf ihre Küche sind sie zu Recht sehr stolz. Aber für zwei Personen so viel Auswahl aufzutischen! Ob sie will oder nicht, Hilde ist viel zu schnell *ïm lâeo* (schon satt).
Sie probiert tapfer noch dies und das, beim Salat *sòm-tham* warnt Nithaya: *phët màak* (sehr scharf). Schließlich gibt Hilde auf. Doch der nächste *khwaam-híu* (Appetit) kommt bestimmt.

Äräwi jing-jing

1/47

híu-nâm	durstig
nít-näwi	ein wenig, etwas
düehm	trinken
nâm-chaa	Tee
phët	scharf gewürzt
aháan	Essen
äräwi	lecker, schmackhaft
yôe´ -yôe´	viel (umgspr.), eine Menge
máo	austrinken, aufessen
wái	können (körperlich)

■ Híu-nâm mâi hâ?	Bist du durstig?
● Híu nít-näwi hà.	Ich bin etwas durstig.
■ Düehm ärai?	Was trinkst du?
● Ärai gkàw-dài.	Was auch immer.
■ Nâm-chaa dii mâi?	Tee wäre gut?
● Nâm-chaa dii.	Tee ist gut.
■ Gkin phët dài mâi?	Kannst du scharf gewürzt essen?
● Mài dtàwng phët thàoräi. Dtäe phët nít-näwi chàwp.	Es muss nicht so scharf sein. Aber etwas scharf mag ich es.
■ Aháan thai bpen* yangngai?	Wie ist Thai-Essen?
● Khun ruu lâeo, chán chàwp màak. Aháan thai äräwi jing-jing.	Du weißt schon, ich mag es sehr. Thai Essen (ist) wirklich lecker.
■ Gkin yôe'-yôe', khun Hilde, dtàwng máo!	Bitte iss viel, Hilde, du musst aufessen!
● Máo mài wái.	Aufessen kann ich nicht.

nâm-chaa (Wasser-Tee = verdünnter Tee)

4 Mal können:
1. *dài* (dürfen, können)
2. *bpen* (fähig sein)

ebenso:

3. *sámàat* (fähig sein)
4. *wái* (körperlich können, schaffen)

***dtàwng* + Verb = müssen**
mài dtàwng + Verb = nicht müssen, es muss nicht
dtàwng mài + Verb = nicht dürfen

***chaa* = Tee**
chaa râwn (Tee-heiß = heißer Tee)
chaa-yen (Tee-kalt = Eistee)
chaa jiin (Tee-chinesisch = chinesischer Tee)

phët nít-näwi chàwp (scharf etwas mag ich)
Normalerweise steht das Verb vorne, zur Akzentuierung steht es hier mal am Ende.

bpen yangngai? = ist wie? „ist" gibt es auf Thai eigentlich nicht, hier dient es der Betonung.

* Hier sagt die Sprecherin versehentlich *Aháan thai phët yangngai*, was bedeuten würde: wie scharf ist Thai-Essen?

9 A

Übungen

Durst? Nein, um Hunger geht es hier. Wenn Ihre Gehörgänge diese Variante des vorangegangenen Dialogs verinnerlicht haben, darf Ihre Zunge die Wohllaute des Thai auskosten. Also fleißig zuhören und nachplappern.

1. Durst?

1/48

1. Híu-khàao lâeo rúe yang?
2. Híu màak.
3. Khun jä gkin ärai?
4. Yang mài nàe-jai. Khît wáa ahǎan thai.
5. Khun chàwp ahǎan thai mái?
6. Chàwp màak, ahǎan thai äräwi jing-jing.

Schön, wenn nicht immer alles so perfekt sein muss. Sie sollten aber schon wissen, was Sie von sich geben. Deshalb bei Gedächtnislücken in der Wörterliste nachschlagen.

2. Es muss nicht so ... sein

Mài dtàwng ***phaehng*** *thàoräi.*

1. phaehng
2. ngàai
3. thüuk
4. yäi

Nur drei Sätze, die haben es aber in sich. Versuchen Sie es einfach, ob richtig oder nicht, verrät Ihnen der Schlüssel.

3. Bitte auf Thai

1. Morgen musst du nicht nach Bangkok fahren.
2. Heute darf Wipa nicht essen, sie fühlt sich nicht wohl.
3. Du musst nicht zum Chatuchak-Markt kommen.

Schauen Sie sich die Fragen genau an, dann ist die Übung ganz leicht.

4. Welche Antwort passt?

1. Híu-nâm mâi?	a ☐ Äräwi màak.
2. Düehm ärai?	b ☐ Dài.
3. Gkin phët dài mâi hâ?	c ☐ Híu lâeo.
4. Ahǎan thai bpen yangngai?	d ☐ Mái dtáwng.
5. Dtàwng bpai tham-ngaan mâi?	e ☐ Düehm nâm.

Vorsicht vor Verwechslungen, deshalb genau hinhören und ruhig ein paar Mal nachsprechen.

5. Mutter betrunken?

1/49

1. màe = Mutter
2. máe = Ausruf der Unzufriedenheit
3. máo = aufessen
4. mao = betrunken
5. màw = Topf
6. máw = Arzt

Kháw-thòot ïm lâeo

1/50

thaan	nehmen (höflich: essen)
nâ?	nicht wahr? (Partikel)
lawng … duu	ausprobieren
chim	kosten, probieren
sï	doch (Partikel)
… diao	nur ein …
nît-diao	nur ein bisschen
râwang!	Achtung!, Vorsicht!
dùai	mit, auch
ao	nehmen
ïik	noch
kháw-thòot	Entschuldigung, leider
ïm	satt

■ Thaan nît-näwi wái nâ?	Ein wenig kannst du noch essen, nicht wahr?
● Chán khît wàa mài wái.	Ich glaube, dass ich nicht kann.
■ Lawng chim duu sï an-nîi!	Koste doch einmal dies!
● Phaw lâeo, nît-diao!	Schon genug, nur ein bisschen!
■ Râwang, phët màak!	Achtung, sehr scharf!
● Äräwi dùai.	Ebenfalls lecker.
■ Ao ïik mâi?	Nimmst du noch etwas?
● Kháw-thòot ïm lâeo jing-jing.	Leider bin ich wirklich schon satt.

Partikel am Satzende
nâ und *sï* sind Partikel, die an das Satzende gestellt werden und in Dialog 9 B die Aufforderung abmildern *(nâ)* bzw. akzentuieren *(sï)*.

Essen und trinken
gkin = essen und/oder trinken (umgangsspr.)
höflicher:
thaan = essen,
besonders höflich:
râp-bprä-thaan
düehm = trinken

Adjektiv + *dùai* = auch …
äräwi dùai = auch lecker

kháw-thòot (wörtlich: bitte um Bestrafung)
kháw-thòot ïm lâeo
= Entschuldigung
Wenn wir „leider" sagen, entschuldigen sich die Thailänder.

9 B

Übungen

Noch einmal eine Nachsprechübung, die auch zugleich das Verständnis schulen soll.

1. Bitte nachsprechen

1/51

1. Yang mài dtàwng gkin aháan yoeraman.
2. Gkin aháan thai dii gkwäa.
3. Thammai khît wàa aháan thai dii gkwäa?
4. Khît wàa äräwi gkwäa.
5. Jing-jing rúe?
6. Mài dtàwng gkin aháan thai thûk wan.

Was passt am besten?
Zur Erinnerung:
nît-nâwi (ein wenig)
nît-diao (nur ein bisschen)

2. Ein bisschen

1. Kháw phùut gkäp khun Likit _____ dài mâi.
2. Choehn thaan ïik _____.
3. ïm lâeo, jä ao ïik _____.
4. _____ thàoräi.

a ☐ an-nîi
b ☐ nît-diao
c ☐ nît-näwi
d ☐ näwi

Hier sind die Wörter der Sätze aus Dialog 9 B gehörig durcheinander geraten. Bitte bringen Sie wieder Ordnung ins Chaos.

3. Wörterpuzzle

1. thaan – nâ – ïik – khun – khrâp – nît-näwi – wái
2. nît-diao – lâeo – phaw – gkin
3. chùe – wàa – ruu – an-nîi – khun – khâ – ärai
4. lâeo – ïm – jing-jing – phóm – kháw-thòot

Hier gibt es kein Entrinnen vor der Gastfreundschaft und dem guten Essen. Deshalb frohgemut übersetzen, eine Diät können Sie schließlich nach dem Urlaub noch machen.

4. Keine Ausreden

1. Wie ist dieses Essen?
2. Sehr lecker.
3. Bitte essen Sie eine Menge.
4. Das schaffe ich nicht, aber ich werde noch etwas kosten.
5. Sie müssen aufessen.
6. Ich bin schon satt.

5. Ort

1. ที่พัก
2. ที่จอดรถ
3. ที่นั่ง
4. ที่นอน
5. ที่ทำงาน

1. *thîi-phâk* (Ort-übernachten = Unterkunft)
2. *thîi-jäwt-rôt* (Ort-halten-Wagen = Haltestelle, Parkplatz)
3. *thìi-nàng* (Ort-sitzen = Sitzplatz)
4. *thìi-nawn* (Ort-schlafen = Liegeplatz im Zug)
5. *thìi-tham-ngaan* (Ort-machen-Arbeit = Arbeitsplatz)

Essen

Entweder essen Thai oder sie reden übers Essen. In der Tat ist es typisch, dass sie sich – noch während einer Mahlzeit – schon darüber unterhalten, was sie als Nächstes essen könnten. Für die meisten Thai gehören Gaumengenüsse zu den täglichen kleinen oder größeren Freuden. Am liebsten speisen Thai in Gemeinschaft – das steigert das Vergnügen.

Auch in Deutschland hat die Thai-Küche in den vergangenen Jahren deutlich an Beliebtheit gewonnen – und das zu Recht! Dabei müssen die Köche hierzulande bei den Zutaten häufig Kompromisse eingehen, und die Speisen sind weniger authentisch gewürzt. Nur in Thailand selber gibt es die ganze Vielfalt an landestypischen Gemüsesorten, Blättern, Wurzeln, Würzpasten und Soßen. Für die berüchtigte Schärfe sind z. B. die Chilischoten verantwortlich, vor allem die kleinen grünen und roten *phrîk-khìi-núu* (wörtl. Mausekot-Chilis). Die Gerichte sind aber trotz – oder wegen – ihrer Schärfe sehr bekömmlich.

Die Thai-Küche legt Wert auf frische, natürliche Zutaten und eine ästhetisch ansprechende Präsentation. Im Mittelpunkt steht dabei *khàao* (Reis), die in Thailand bevorzugte Sorte ist bei uns als Jasmin- oder Duftreis *(khàao-háwm)* bekannt. Im Nordosten und Norden Thailands ist dagegen der *khàao-níao* (Klebreis) am beliebtesten. Zum Reis gibt es *gkäp-khàao* (mit-Reis = Beilagen), also all das, was die Thai-Küche so einzigartig macht.

Ess-Sitten

Es gibt nur wenige Regeln:

1. Genießen!
2. Der oder die Ranghöchste bedient sich zuerst, aber unter Freunden geht es ungezwungen zu.
3. Servierlöffel benutzen, wenn vorhanden, sonst mit eigenem Besteck von den Gerichten nehmen.
4. Gegessen wird mit dem Löffel, unterstützt von der Gabel. Messer sind nicht notwendig. Mit Stäbchen werden nur Gerichte chinesischer Herkunft gegessen.
5. Reis kommt nicht automatisch, Suppen werden nebenher gegessen.
6. Huhn, Krabben und Krebse können mit den Fingern gegessen werden.

10

Besichtigung

Der *Grand Palace* heißt offiziell *phrâ-phrom-maháa-ratchawong*; der Palast, in dem die Königsfamilie heute wohnt, ist der *Chitlada*-Palast, der nicht besichtigt werden kann.

Wât-Phrâ-Gkaeo = Tempel des Jadebuddha, der zwar aus Jade besteht, meist aber im Englischen *Emerald Buddha* genannt wird.

Nach dem Essen stellt Nithaya ihren jüngeren Bruder Nimith vor, mit dem Hilde bereits zu tun hatte. Er möchte von Hilde wissen, was sie in Bangkok schon alles besichtigt hat: *Bpai thìao thìi-nái maa khrâp?* (Wohin sind Sie zum Besichtigen gegangen?) Hilde antwortet: *Yang mài dài bpai thìao loei khà* (Ich bin überhaupt noch nicht zum Besichtigen gegangen). Warum nicht, wollen Nithaya und Nimith wissen. *Yang mài dài mii oogkäat* (Ich hatte noch keine Gelegenheit), redet sich Hilde raus.

Die Antwort sei typisch Frau, meint der Bruder. Sie stimmt ihm aus Spaß zu, fragt aber zurück: *Phùu-chaai mài chàwp bpai sûe-kháwng rúe?* (Männer gehen nicht gern einkaufen, oder?) Nimith windet sich: *Lâeo-dtäe* (Kommt drauf an).

Wie dem auch sei, in Wirklichkeit kann Hilde es kaum erwarten, endlich die berühmten Sehenswürdigkeiten mit eigenen Augen zu sehen. Trotzdem fragt sie Nimith nach dessen Meinung: *Mii láai-thìi* (Es gibt viele Orte), meint der: *Chèn Súan Lum(pini) dtawn-châo gkäwn sáwng moong* (z. B. der Lumpini-Park morgens vor acht Uhr). Als Hilde erstaunt schaut, fügt er hinzu: *Nàe-nawn thûk khon khuan jä bpai duu Grand Palace lae' Wât-Phrâ-Gkaeo* (Natürlich sollte jeder den Grand Palace und den Tempel des Jadebuddha ansehen gehen).

Bpai thìao thìi-nái maa khrâp?

10 A

▶ 1/52

thìao	Vergnügen
bpai thìao	flanieren, besichtigen, besuchen
loei	überhaupt
oogkäat	Gelegenheit
thaen-thìi ...	anstatt ...
sûe-kháwng	einkaufen
sámräp	für
phùu-yíng	Frau
sámkhan	wichtig
chài	ja, so ist es
chài mái?	nicht wahr?

■ Phóm chûe Nimith khrâp. Yindii thìi dài rûujäk khun.	Ich heiße Nimith. (Ich) freue mich, dass ich Sie kennen lernen kann.
● Chèn-gkan khà, dï-chán chûe Hilde.	Gleichfalls, ich heiße Hilde.
■ Bpai thìao thìi-nái maa khrâp?	Wohin sind Sie (schon) zum Besichtigen gegangen?
● Yang mài dài bpai thìao loei khà.	Ich bin überhaupt noch nicht zum Besichtigen gegangen.
■ Thammai?	Warum (nicht)?
● Yang mài dài mii oogkäat.	Ich hatte noch keine Gelegenheit.
■ Thaen-thìi khun jä bpai thìao, khun tham ärai maa khrâp?	Anstatt auf Besichtigung zu gehen, was haben Sie gemacht?
● Dï-chán bpai sûe-kháwng gkäwn.	Ich bin erst einmal einkaufen gegangen.
■ Sámräp phùu-yíng bpai sûe-kháwng sámkhan gkwäa, chài mái khrâp?	Für Frauen ist einkaufen gehen wichtiger, nicht wahr?
● Chài khà.	Ja (so ist es).

sûe-kháwng (kaufen-Sachen = einkaufen)
phùu-yíng (Person-weiblich = Frau)

Vergangenheit
Verb + (Fragewort) + *maa*
ebenso: *dài* + Verb bzw. Verb + *lâeo*

Vergangenheit bei Verneinung:
mài dài + Verb
mài dài bpai = bin nicht gegangen
mài ... loei = überhaupt (noch) nicht

*thaen-thìi khun **jä** bpai thìao, ...* (anstatt auf Besichtigung zu gehen ...)
jä drückt eigentlich Zukunft, hier aber auch eine Absicht aus.

Im Thai gibt es kein direktes Wort für „ja" oder „nein". Man benutzt:
chai = trifft zu, so ist es
mài chai = trifft nicht zu
Oft genügt auch einfach *khrâp* oder *khà*.

chài mái? = nicht wahr?
Meist wird statt „ja" das Verb wiederholt:
khun bpai mái? = Fährst du?
bpai = (Ja), ich fahre.
mài bpai = (Nein), ich fahre nicht.

10 A Übungen

Bitte ersetzen Sie die Verben und Fragewörter.

1. Was haben Sie gemacht?

1/53

*Khun **bpai thìao thìi-nái**?*

1. bpai thìao thìi-nái
2. bpai sûe-kháwng mùea-räi
3. bpai yìam khrai
4. bpai kháai ärai

Hier wiederholen wir noch einmal die Steigerung der Adjektive.
Oder finden Sie etwa einkaufen gehen interessanter?

2. Einkaufen gehen ist interessanter

*Bpai sûe-kháwng **ngàai** gkwäa.*

1. ngàai
2. phaehng
3. säbaai
4. sänük
5. mài thüuk

Beantworten Sie diese Fragen wahrheitsgemäß (!) mit *chài* (ja) bzw. *mài chài* (nein). Sie können auch das Verb wiederholen.

3. Ja, nein, nicht wahr?

1. Khun jä bpai sûe-kháwng, chài mái?
2. Khun jä bpai thìao, chài mái?
3. Khun jä bpai yìam Khun Nimith, chài mái?
4. Khun jä kháai-kháwng, chài mái?

Sie können sich wieder am Dialog 10 A orientieren. Erinnern Sie sich noch an „Spaß haben"? Sie finden das Wort in Übung 2, das Wort „haben" ist schon integriert.

4. Bitte auf Thai

1. Sind Sie schon einkaufen gegangen?
2. Ich hatte noch keine Gelegenheit.
3. Warum (nicht)?
4. Ich bin erst zum Besichtigen gegangen.
5. Hatten Sie Spaß?
6. Ja, ich hatte viel Spaß.

Selbst mit Übung sind *gklai* und *gklài* im Thai nicht leicht auseinander zu halten. Bei „Tempel" und „Erkältung" macht meist der Zusammenhang klar, um was es geht.

5. Nah oder fern

1/54

1. gklai = weit, fern
2. gklài = nah
3. wât = Wat / Tempel
4. wät = Erkältung

Khuan jä bpai duu Grand Palace

10 B

1/55

phùu-chaai	Mann
lâeo-dtäe	kommt drauf an, ...
nâe-nam	vorschlagen, empfehlen
láai-thìi	viele Orte
chèn	zum Beispiel
súan	Park
nàa-són-jai	interessant
nàe-nawn	gewiss, sicherlich
khuan (jä)	sollte
wât	Tempel
Wât-Phrâ-Gkaeo	Tempel des Jadebuddha
lâeo-gkàw	und dann

● Phùu-chaai mài chàwp bpai sûe-kháwng rúe?	Männer gehen nicht gern einkaufen, oder?
■ Lâeo-dtäe.	Kommt drauf an.
● Khun nâe-nam bpai thìao thìi-nái dii?	Was schlagen Sie vor, wohin ich besichtigen gehen sollte?
■ Mii láai-thìi, chèn Súan Lumpini, dtawn-châo gkäwn sáwng moong.	Wir haben viele Orte, z. B. der Lumpini-Park morgens vor acht Uhr.
● Nàa-són-jai.	Interessant.
■ Nàe-nawn thûk khon khuan jä bpai duu Grand Palace lae' Wât-Phrâ-Gkaeo.	Natürlich sollte jeder Mensch den Grand Palace und den Tempel des Jadebuddha ansehen gehen.
● Lâeo-gkàw?	Und dann?
■ Lâeo-gkàw khun khuan jä bpai duu Wât Pho lae' Wât Arun.	Und dann sollten Sie den Tempel Pho und Tempel Arun ansehen gehen.

Eine beliebte Redewendung ist *lâeo-dtäe* (schon-aber = je nachdem, kommt drauf an, hängt ab von ...).

lâeo-gkàw (schon-auch = und dann)

gkäwn-sáwng-moong (vor zwei Uhr = 8 Uhr morgens)

láng-sáwng-moong (nach zwei Uhr = nach 8 Uhr morgens)

nàa-són-jai = Gesicht-interessant (zum Gebrauch von *nàa* siehe S. 107)

Súan Lumpini (kurz: *Lum*) Beliebtester Park Bangkoks, benannt nach Lumbini, dem Geburtsort Buddhas in Nepal.

Übungen

Ist etwas dabei, was Sie nicht gerne tun? Tauschen Sie einfach das Verb aus.

1. Nicht gern einkaufen?

*Khun mài chàwp bpai **sûe-khǻwng** rúe?*

1. sûe-khǻwng
2. gkin-khàao
3. phôp khun Puanglek
4. thaan ahǻan
5. duu wât

Fragen Sie einen freundlichen Thai nach seinen Vorschlägen. Das ist nicht nur höflich, sondern bringt oft gute Tipps.

2. Was schlagen Sie vor?

1/56

*Khun nâe-nam bpai **thìao** thìi-nái dii.*

1. thìao
2. sûe-khǻwng
3. phâk
4. raw

Hier geht es um Sehenswürdigkeiten und Uhrzeiten. Setzen Sie das jeweils Entsprechende ein. Seite 39 hilft Ihnen dabei auf die Sprünge.

3. Es gibt viele Orte ...

*Mii láai-thìi chèn **Wât Arun** dtawn-châo gkäwn **sáam moong**.*

1.	Wât Arun	9 Uhr
2.	Wât-Phrâ-Gkaeo	10 Uhr
3.	Grand Palace	11 Uhr
4.	súan Jädtüjäk	7 Uhr

Wie lautet dieser Smalltalk zum Sightseeing auf Thai? Ein Blick auf die vorherige Seite hilft weiter.

4. Besichtigung

1. Wohin sollte (ich) zum Besichtigen gehen?
2. Was schlagen Sie vor?
3. Es gibt viele Orte.
4. Interessant.
5. Sie sollten den Tempel Arun ansehen gehen.
6. Und dann?

1. râan-khǻai-... = ...laden
2. *râan-khàai-khǻwng* (Laden-verkaufen-Sachen = Laden)
3. *râan-khǻai-yaa* (Laden-verkaufen-Medizin = Apotheke)
4. *ráan-ahǻan* (Laden-Speisen = Lokal, Restaurant)

5. Laden

1. ร้านขาย
2. ร้านขายของ
3. ร้านขายยา
4. ร้านอาหาร

Die Königsfamilie

10

Auch nach seinem Tod im Jahr 2016 ist König *Phuumiphon Adunyadet* (Bhumipol Adulyadej) noch sehr beliebt. Kein Monarch der Welt regierte länger als er. Der 5. Dezember, sein Geburtstag, ist in Thailand nicht nur ein besonderer nationaler Feiertag, sondern auch *wan phàw* (Vatertag). Konsequenterweise ist der Geburtstag von Königin *Sirigkït* (Sirikit) am 12. August zugleich *wan mâe* (Muttertag).
Die Verehrung für den König, das Symbol Thailands, und seine Familie ist für uns schwer nachzuvollziehen. König *Maha Wachiralongkon Phra Wachiraklao Chaoyuhua* bestieg am 13. Oktober 2016 den Thron als 10. König der Chakri-Dynastie (Rama X.). Er wurde am 28. Juli 1952 als zweites Kind, aber einziger Sohn, von König Bhumipol und Königin Sirikit in Bangkok geboren. Er erhielt militärische Ausbildungen in Thailand und Australien, ist Kampfpilot und fliegt sein eigenes Verkehrsflugzeug. Er gilt als der reichste Monarch der Welt. Er lebt gern in Bayern, wo er am Starnberger See zwei Villen besitzt. König Bhumipol war aus Sicht seines Volkes mehr als nur ein Mensch, er wurde geradezu religiös verehrt. Sein Wort hatte großes Gewicht. Er äußerte sich nur selten öffentlich, und wenn doch, dann zu ernsten Themen, wie den Verkehrsproblemen in Bangkok, der Abholzung der Wälder, dem Leid armer Bauern oder den Gefahren des Drogenkonsums. Der König steht über der Politik, hat aber durch die traditionell enge Verbindung zum Militär dennoch Einfluss darauf. Majestätsbeleidigung wird hart bestraft.
Die gesamte Königsfamilie ist in repräsentative Verpflichtungen eingebunden. Jeden Abend berichten die Nachrichten über die jeweiligen Auftritte von *Nai-lúang* (König), *Phrâ Ratchinii* bzw. *Phrâ Mâe Jào* (Königin), *Jào Fâa Yíng Ûbönrât* (Prinzessin Ubol Ratana), *Jào Fâa Yíng Mâháa Jäkrii Sïrinthawn* (Prinzessin Sirindhorn) und *Jào Fâa Yíng Jülaphawn Wâlaailâk* (Prinzessin Chulabhorn).

König *Phuumiphon Adunyadet* (Bhumipol Adulyadej) bestieg am 5. Mai 1950 den thailändischen Thron als *Râchâgkaan-thìi-gkào* (9. Monarch der Chakri-Dynastie).
Am 5. Dezember 1927 wurde er im Bundesstaat Massachusetts/USA geboren, wo sein Vater damals an der Harvard University studierte.
Besonders beliebt sind neben diesem Königspaar die Prinzessinnnen *Sirindhorn* und ihre ältere Schwester *Ubol Natana*.
Der aktuelle König *Maha Wachiralongkon Phra Wachiraklao Chaoyuhua* ist bei Weitem nicht so beliebt wie sein Vater.

11

Biegen Sie links ab!

Im Lumpini-Park ist frühmorgens echt was los: Hunderte, vielleicht Tausende Jogger, Spaziergänger, Tänzer und Schattenboxer tummeln sich hier in aller Frühe.

Nicht nur die Tuk-Tuk-Chauffeure fahren gern zum eigenen Vorteil an Schmuckgeschäften vorbei. Unseriöse Anbieter von Stadtrundfahrten lassen den Touristen mehr Zeit in diversen Läden, mit denen die Führer zusammenarbeiten, als für die eigentlichen Sehenswürdigkeiten.

Früh am nächsten Morgen begibt sich Hilde dann tatsächlich auf ihre Besichtigungstour. Es dämmert gerade, ein angenehm frischer Wind weht ihr entgegen, als sie das Hotel verlässt. Sie möchte sich für ein paar Stunden ein Tuk-Tuk mieten und durch die Gegend kutschieren lassen. Doch erst muss sie den Fahrpreis aushandeln: *Bpai thìao sáam chùa-moong thàoräi khâ?* (Herumfahren für drei Stunden kostet wie viel?) Erwartungsgemäß fällt die Antwort aus: *Mài phaehng khrâp – hàa-râwi bäat thàonân* (Nicht teuer, nur 500 Baht). Ebenso selbstverständlich kontert Hilde: *Phaehng bpai sáam râwi bäat gkaw lâeo gkan* (Zu teuer, 300 Baht, mehr geht nicht). Der erste Fahrer macht da nicht mit, beim zweiten hat sie mit demselben Spiel mehr Glück.
Schon sind sie auf dem Weg zu ihrem ersten Ziel, dem Lumpini-Park. Nach kurzer Pause nennt Hilde die nächste Etappe ihrer Besichtigungstour: *Bpai wât Arun díao-nîi khà* (Fahren Sie jetzt zum Tempel Arun). Der berühmte Tempel der Morgenröte, wie er auf Deutsch heißt, liegt am Chao-Phraya-Fluss. Energisch fügt Hilde noch hinzu: *Dtäe yäa àwm bpai râan-khàai-phèt-phlawi, khào-jai mái khâ?* (Aber fahren Sie keinen Umweg zu Schmuckgeschäften, haben Sie verstanden?) Der Fahrer lacht und antwortet hintersinnig: *Weelaa nìi râan-khàai-phèt-phlawi yang mài bpöeht* (Um diese Zeit haben die Schmuckgeschäfte noch nicht geöffnet).

Bpai dtrong gkäwn!

2/1

chùa-moong	Stunde
bäwk	sagen, Bescheid sagen
dtrong	geradeaus
bpäak	Mund, Mündung
sawi	Gasse
lîao	abbiegen
khwáa	rechts
sïi-yàek	Kreuzung
dtäw-bpai	nächste/-r/-s
sâai	links

● Bpai-thìao sáam chùa-moong thàoräi khâ?	Eine Besichtigungsfahrt für drei Stunden kostet wie viel?
■ Mài phaehng khrâp, hàa-râwi bäat thàonân.	Nicht teuer, nur 500 Baht.
● Phaehng màak, sáam-râwi bäat – gkaw lâeo gkan.	Sehr teuer, 300 Baht – mehr geht nicht.
■ Oogkee, bpai nái gkäwn?	Okay, wohin fahren wir zunächst?
● Lâeo jä bäwk. Bpai dtrong bpäak sawi lîao khwáa!	Ich werde schon Bescheid sagen. Fahren Sie geradeaus, am Anfang der Gasse biegen Sie rechts ab!
■ Lâeo gkàw?	Und dann?
● Bpai dtrong gkäwn!	Fahren Sie erst mal geradeaus!
■ Oogkee.	Okay.
● Sïi-yàek dtäw-bpai lîao sâai!	Nächste Kreuzung biegen Sie links ab!

bpäak: wörtlich: Mund oder Mündung bei Flüssen/Straßen
bpäak sawi: Anfang der Gasse
Zur Erinnerung: *sawi* wird wie „soi" ausgesprochen.

Telegrammstil
Das Thai lässt alles weg, was zum Verständnis nicht unbedingt nötig ist:
bpai nái gkäwn?
= gehen wo vorher?
= wohin fahren wir als Erstes, zunächst?

bäwk = sagen
lâeo jä bäwk
(schon-werde-sagen = ich sage Bescheid)

bpai dtrong bpäak sawi lîao khwáa
(gehen-gerade-Mund-Gasse-biegen-rechts = Fahren Sie geradeaus, am Anfang der Gasse biegen Sie rechts ab)

sïi-yàek (vier-trennen = Kreuzung)

Eine Gabelung oder T-Kreuzung heißt:
sáam-yàek (drei-trennen)

Übungen

Sie dürfen einen gerissenen Tuk-Tuk-Fahrer spielen und beinhart verhandeln. Also üben Sie kräftig.

1. Nur 500 Baht für drei Stunden

Sáam chùa-moong hàa-râwi bäat *thàonân.*

1. drei Stunden – 500 Baht
2. vier Stunden – 600 Baht
3. fünf Stunden – 700 Baht
4. sechs Stunden – 800 Baht
5. sieben Stunden – 900 Baht

Beherrschen Sie schon auf Thai die Richtungsangaben rechts, links und geradeaus? Dann können Sie auch die jeweils richtige Übersetzung zuordnen.

2. Wohin fahren wir zunächst?

1. Biege links ab.
   a ☐ Lîao khwáa.
   b ☐ Lîao sâai.
2. Fahre geradeaus.
   a ☐ Lîao dtrong.
   b ☐ Bpai dtrong.
3. Fahre erst geradeaus.
   a ☐ Bpai dtrong gkäwn.
   b ☐ Bpai gkäwn dtrong.
4. Biege rechts ab.
   a ☐ Lîao sâai.
   b ☐ Lîao khwáa.

Wenn Sie die Sätze übersetzen, kommen Sie hoffentlich schnell ans Ziel. Der Dialog 11 A sollte alle notwendigen Vorlagen liefern.

3. Tuk-Tuk-Fahrt

1. Wohin fahren wir zunächst?
2. Ich sage Bescheid. Erst einmal geradeaus.
3. Und dann?
4. An der Einmündung der Gasse biege nach links ab.
5. O. K.
6. An der nächsten Kreuzung biege rechts ab.

Finden Sie für jede Frage die passende Antwort, so wie auf jedes Töpfchen ein Deckelchen passt. *râan-aháan* (falls Sie sich nicht erinnern, siehe S. 70, Übung 5).

4. Topf und Deckel

1. Bpai nái gkäwn?
2. Khun jä tham ärai gkäwn?
3. Khun jä bpai sûe ärai?
4. Khun jä bpai thìao thìi-nái?
5. Khun bpai thaan aháan thìi-nái?

a ☐ Jä bai gkin khàao gkäwn.
b ☐ Jä bpai thìao dtäläat.
c ☐ Jä bpai sûe sùea.
d ☐ Bpai thaan thìi râan-aháan.
e ☐ Bpai dtrong gkäwn lâeo-gkàw lîao khwáa.

Auch hier kann man ganz schön in Teufels Küche kommen, etwa wenn man Gummi und grillen verwechselt. Also: *Yäa yàang yaang!*

5. Gummi nicht grillen

2/2

1. yaang = Gummi
2. yang = noch (nicht)
3. yäang = Art, Sorte, Sache
4. yàang = grillen

Jäwt thìi-nìi!

2/3

yäak	wollen
láai	viele
jäwt	halten, anhalten
doehn-thìao	herumgehen, spazieren
díao-nîi	jetzt
dtök-long	einverstanden
dtäe	aber, nur
yäa!	nicht …!
àwm bpai	Umweg machen/fahren
râan	Laden, Geschäft
phèt	Diamant
phlawi	Edelstein, Schmuck
khào-jai	verstehen

■ Khun yäak bpai Súan Lum (chài) mái khrâp?	Sie wollen zum Lumpini-Park fahren, nicht wahr?
● Chài khà, thammai khun ruu?	Ja, warum wissen Sie das?
■ Weelaa nìi láai khon bpai Súan Lum thûk wan.	Um diese Zeit gehen viele Leute zum Lumpini-Park jeden Tag.
● Jäwt thìi-nìi lae' raw säk-khrùu, jä bpai doehn-thìao nai súan näwi.	Halten Sie hier und warten Sie einen Moment, ich werde im Park etwas spazieren gehen.
■ Dtaam säbaai khrâp.	Wie es Ihnen angenehm ist.
● Bpai Wât Arun díao-nîi khà!	Fahren Sie jetzt zum Tempel Arun!
■ Dtök-long.	Einverstanden.
● Dtäe yäa àwm bpai râan kháai phèt-plawi, khào-jai mái khâ?	Aber fahren Sie keinen Umweg über Schmuckläden, verstehen Sie?
■ Khào-jai khrâp. Weelaa nìi râan (kháai) phèt-plawi yang mài bpöeht.	Ich verstehe. Um diese Zeit haben die Schmuckläden noch nicht geöffnet.

Befehlsform

1. einfach Verb ohne persönliche Fürwörter: *raw säk-khrùu!* (warten-eine-Weile = Warten Sie eine Weile!) *bpai Wât Arun!* (gehen-Tempel-Arun = Fahren Sie zum Tempel Arun!)
2. Etwas höflicher: Verb … *näwi* + Höflichkeitspartikel ans Satzende: *bpai Wât Arun näwi khrâp/khà* (Fahren Sie zum Tempel Arun)

Verbot

yäa + Verb:
yäa bpai … !
= Gehe nicht … !/Fahren Sie nicht … !

Persönliche Fürwörter (2)

chân = ich (beide Geschlechter, vertraut)
thàn = Sie (hoher Rang, Mönche)
thoe = Du (vertraut, Frauen)
kháo = er, sie (auch Mehrzahl)
man = es (weniger häufig als im Deutschen, manchmal abfällig)
rao = wir

Liebesgeflüster

Nichtthailänder sagen oft fälschlicherweise: *phóm râk khun* = ich liebe Sie.
Richtig ist allerdings unter Thai: ***chân** râk **thoe*** = ich (m) liebe dich.

Übungen

Tauschen Sie einfach die Orte aus und sagen Sie, wohin viele Leute jeden Tag gehen.

1. Wohin geht's?

2/4

*Mài dtàwng bpai **Súan Lum** thûk wan.*

1. Súan Lum
2. sûe-kháwng
3. thaan aháan
4. säthäanii Máw Chît
5. dtäläat

Sie müssen hier nicht nur im Navy-Park spazieren, sondern auch andere Aktivitäten in den Satz einbauen.

2. Was machst du?

2/5

*Jä bpai **gkin-khàao** nai Súan Navy.*

1. gkin-khàao
2. thìao
3. chim aháan thai
4. phôp khun Wilai

Sagen Sie deutlich, was verboten ist. Vergessen Sie dabei nicht yäa + Verb, sonst klappt's nämlich nicht.

3. Verbote

1. Gehe nicht (Sachen) einkaufen!
2. Gehe nicht arbeiten!
3. Gehe nicht (Reis) essen!
4. Gehe nicht zum Bahnhof!
5. Gehe nicht spazieren!

1. *gkaeng* = Curry
2. *gkaeng-khíao-wáan* = Curry-grün-süß = grün (scharf)
3. *gkaeng-gkärii* = Curry-Curry = gelb (mild)
4. *gkaeng-phët* = Curry-scharf = rot, scharf, jeweils mit Fleisch
5. *gkaeng-sòm* = Curry-sauer = sauer, mit Fisch und Gemüse, ohne Kokosmilch
6. *gkaeng-jüeht* = Curry-fad = klare Gemüsesuppe

4. Schrift: Curry

1. แกง
2. แกงเขียวหวาน
3. แกงกะหรี่
4. แกงเผ็ด
5. แกงส้ม
6. แกงจืด

Schmucktricksereien

11

Gerade erst in Bangkok angekommen und schon Opfer von Spitzbuben? Immer wieder fallen Touristen auf alte Tricks herein, denn die Gauner sind geschickt. Sie arbeiten z. B. häufig mit Landsleuten der Touristen zusammen, zu denen diese schneller Vertrauen fassen. Auch sind thailändische Betrüger – wie alle Betrüger – sehr freundlich. Der Neuling kann selbstlose von gewinnorientierter Freundlichkeit nur schwer unterscheiden. Meist geht es um minderwertige Edelsteine, die der Kunde im Heimatland – so das Versprechen – mit üppigem Gewinn wieder verkaufen kann. Manchmal werden die Touristen in kleine Klitschen zu angeblich staatlichen Sonderverkaufsaktionen geführt.
Bei den Tuk-Tuk-Fahrern sind die Tricksereien harmloser. Sie bekommen in der Regel Benzingutscheine, wenn sie Touristen zu den Schmuckpalästen karren. Dafür lassen sie sich dann gern auf niedrige Fahrpreise ein, bieten diese oft sogar von selbst an. Akzeptiert man Abstecher zu Schmuckläden während einer Besichtigungstour, wird man gebeten, wenigstens zehn Minuten dort zu bleiben. Nur dann bekommt der Fahrer seinen Gutschein. Wenn der Tourist tatsächlich etwas kauft, kassiert der Chauffeur natürlich eine Provision.

Thailand ist zu Recht berühmt für Schmuck und Edelsteine. Saphire und Rubine werden im Land geschürft, aber davon gibt es leider nur noch wenige; meist werden sie aus Myanmar eingeführt.

Die *Tourism Authority of Thailand* (TOT) hat für Touristen ein Faltblatt herausgegeben, das vor den berüchtigten *Gem Scams* (Schmuckbetrügereien) warnt.
Die *dtamrüat-thàwng-thîao* (Tourist-Police = Touristenpolizei) hilft bei Betrugsverdacht, Diebstahl u. Ä. Sollten Sie Probleme mit der normalen Polizei bekommen, bestehen Sie am besten darauf, die Touristenpolizei einzuschalten.

12

Auf Erkundung

ruea-khàam-fàak (Boot-überqueren-ablegen = Flussfähre)

Thonburi liegt am Westufer des Chaào-Phràya-Flusses gegenüber vom eigentlichen Bangkok, war von 1767 bis 1782 Hauptstadt Siams und ist erst seit 1972 Teil Bangkoks (s. S. 13).

Thai essen im Prinzip zu jeder Mahlzeit Reis, auch morgens. Nudelsuppen sind aber als leichte Zwischenmahlzeiten auch sehr beliebt (s. S. 83), spätabends auch *khàao dtom* (Reissuppe).

Nachdem Hilde mit der *ruea-khàam-fàak* (Fähre) auf die Thonburi-Seite übergesetzt ist, um den Tempel der Morgenröte zu besichtigen, fährt sie wieder zurück ans Bangkoker Ufer und besucht erst den Wât Pho mit dem riesigen liegenden Buddha und dann natürlich den Grand Palace, das Prunkstück Bangkoks. Danach ist sie allerdings reif für ein kräftiges Frühstück.

In einem kleinen Lokal fragt der *phanâk-ngaan-bawrîgkaan* (Kellner, Bedienung) als Erstes: *Khun jä sang ärai khrâp?* (Was werden Sie bestellen?) In Vorfreude auf ein gutes Essen ordert Hilde: *Kháw duu meenuu gkäwn* (Ich möchte erst die Speisekarte sehen). Doch die Speisekarte besteht nur aus einem Salat aus Thaizeichen – daran hat sie nicht gedacht: *Dï-chán äan meenuu mài äwk khà* (Ich kann die Speisekarte nicht lesen). Da es keine auf Englisch gibt, fragt sie: *Raigkaan aahàan wan-nîi mii ärai khâ?* (Was haben Sie heute auf der Speiseliste?)

Der junge Mann, der sie bedient, empfiehlt ihr Reis mit Currysoße, ein beliebtes Ein-Teller-Gericht. *Dï-chán yäak lawng duu* (Ich möchte es probieren), sagt sie zunächst. Aber dann überlegt sie es sich doch anders und entscheidet sich für etwas leichter Verdauliches: *Jòok bplaa* (Reisbrei mit Fisch), dazu trinkt sie *chaa säi mânao lae' nâm-dtaan* (Tee mit Zitrone und Zucker).

Khun jä sang ärai khrâp?

12 A

2/6

sang	bestellen
meenuu	Speisekarte, Menü
äan	lesen
mài-äwk*	kann nicht
phasáa	Sprache
anggkrït	englisch
raigkaan	Angebot
yäang	Sorte, Art
ràat	übergießen
gkaeng	Curry(-soße)
nûea	Rindfleisch

■ Khun jä sang ärai khrâp?	Was werden Sie bestellen?
● Kháw duu meenuu gkawn.	(Ich) möchte erst die Speisekarte sehen.
■ Nïi khrâp.	Hier, bitte.
● Dï-chán äan meenuu mài äwk khà.	Ich kann die Speisekarte nicht lesen.
■ Kháw-thòot khrâp.	Es tut mir leid.
● Mii meenuu phasáa anggkrït mái khâ?	Gibt es eine Speisekarte in englischer Sprache?
■ Mài mii khrâp.	Habe ich nicht.
● Raigkaan ahäan wan-nîi mii ärai khâ?	Was haben Sie heute auf der Speiseliste?
■ Mii láai-yäang khrâp.	Es gibt viele Arten.
● Thaan ärai dii?	Was empfehlen Sie Gutes?
■ Khàao-ràat-gkaeng äräwi (-dii) khrâp.	Reis mit Curry ist lecker.
● Gkaeng ärai khâ?	Was für ein Curry?
■ Gkaeng-nûea khrâp.	Rindfleisch-Curry.
● Dï-chán yäak lawng-chim-duu.	Ich möchte es probieren.

raigkaan
Eigentlich Programm oder auch Liste, hier das Speise-programm = Speisenangebot
Khun jä sang ärai?
= Was **werden/wollen** Sie bestellen?

Verb + *mài äwk*
= kann nicht, habe nicht die Fähigkeit
äan ... mài äwk
= kann ... nicht lesen

Im Gegensatz dazu:
äan ... mài wái
= kann eigentlich lesen, aber jetzt nicht, z. B. weil es zu dunkel oder die Schrift zu klein ist.

äan ... mài dài = kann die Schrift nicht

khàao-ràat-gkaeng
(Reis-übergießen-Curry = Reis mit Currysoße)

lawng duu
= aus-/anprobieren; gilt für Essen, aber auch für Kleidung. Meist wird ein Verb zur genaueren Bezeichnung eingefügt:
*lawng-**chim**-duu*
(probieren-**kosten**-sehen = kosten)

* versehentlich gesprochen als *mài-ao* = mag/will nicht

12 A

Übungen

Die Übung könnte auch heißen: Wohin werden Sie gehen? Denn *jä* drückt die Absicht aus, etwas zu machen.

1. Was wollen Sie tun?

▶ 2/7

*Khun jä **bpai nái**?*

1. bpai nái
2. bpai sûe ärai
3. ao ärai
4. bpöeht mùea-räi
5. chim ärai

Warum können Sie die Speisekarte nicht lesen? Je nachdem müssen Sie *mài dài/dàai* (2 x), *mài äwk* oder *mài wái* anhängen. Ein Blick auf die vorherige Seite hilft weiter.

2. Warum nicht?

*Dï-chán äan meenuu **mài äwk**.*

1. Ich kann die Schrift nicht.
2. Es ist zu dunkel.
3. Ich kann die Sprache nicht.
4. Sie ist zu klein gedruckt.

Zur Erinnerung: ich möchte = bitte um = *kháw*. Setzen Sie bitte das für Sie passende „ich" ein.

3. Auf Thai bitte

1. Ich möchte zunächst die Speisekarte sehen.
2. Ich möchte eine Speisekarte (in) englischer Sprache.
3. Was haben Sie heute auf der Speiseliste?
4. Ich bestelle Reis mit Rindfleischcurry.
5. Ich möchte Reis mit Currysoße probieren.
6. Ich bin schon satt, ich kann nicht mehr essen.

Hier dreht sich alles ums Essen. Diese Übung ist besonders einfach.

4. Was gehört zusammen?

1. Khun jä sang ärai?
2. Thaan ärai dii?
3. Ïm lâeo rúe yang?
4. Mii gkaeng ärai?
5. Máo wái mái?

a ☐ Mài wái.
b ☐ Yang.
c ☐ Mii gkaeng-nûea.
d ☐ Thaan ärai gkaw dài dii.
e ☐ Jä sang khàao-ràat-gkaeng.

Was könnten diese Sätze bedeuten?

1. *Yäa hài yaa gkäe yàa! (gkäe = zu)*
2. *Yäa yâai yaai yäi!*

5. Omas Pillen

▶ 2/8

1. yaa = Medizin, Droge
2. yäa = tu nicht ...
3. yàa = Großmutter (väterlicherseits)
4. yaai = Großmutter (mütterlicherseits)
5. yäi = groß
6. yâai = bewegen, transferieren

Khun nâe-nam jòok ärai khâ?

2/9

jing-jing lâeo	in Wirklichkeit, ehrlich gesagt
khàao-ràat-gkaeng	Curryreis
gkuei-dtíao	Kueytiao (Nudelsuppe)
jòok	Reisporridge
bplaa	Fisch
múu	Schwein
säp	gehackt
khrùeang-düehm	Getränk
chaa	Tee
säi	hinzugeben
mânao	Zitrone, Limone
nâm-dtaan	Zucker
(sä)dtang	Geld (umgspr.)

● Jing-jing lâeo weelaa nìi yang mài yäak gkin khàao-ràat-gkaeng.	In Wirklichkeit möchte ich um diese Zeit noch nicht Curryreis essen.
■ Gkùei-dtìao rúe jòok dii gkwäa mái khrâp.	Ist Nudelsuppe oder Reisporridge besser?
● Dii khà. Khun nâe-nam jòok ärai khâ?	Gut. Was für einen Reisporridge empfehlen Sie?
■ Jòok bplaa rúe múu-säp.	Reisporridge mit Fisch oder Schweinehack.
● Bplaa khà.	(Mit) Fisch.
■ Khun jä sang khrùeang-düehm mái khrâp?	Werden Sie ein Getränk bestellen?
● Dï-chán sang chaa-mânao (lae' nâm-dtaan) khà.	Ich bestelle Zitronentee (und Zucker).
■ Choehn khrâp.	Bitte sehr.
● Äräwi, jing-jing khà.	Wirklich sehr lecker.
■ Khäwp-khun khrâp.	Danke.
● Khît dtang khà.	Die Rechnung bitte.
■ Khrâp.	Ja.

jing-jing lâeo (wirklich-wirklich schon = in Wirklichkeit, ehrlich gesagt)

gkùei-dtìao (Kueytiao) Der Begriff stammt aus China, die Schreibweise im Englischen ist unterschiedlich: *Kuaytiaw, Kueytiao* oder ähnlich.

Nudelsuppen und andere chinesische Gerichte werden mit *dtä'gkïap* (Stäbchen) gegessen. *mìit* (Messer) kommen weder in der Thai- noch in der chinesischen Küche auf den Tisch. Thai-Gerichte isst man mit *châwn* (Löffel) und *sàwm* (Gabel).

Getränke bestellen
Name des Getränks + Anzahl der Behälter
gkaeo = Glas
thuai = Tasse
khüat = Flasche
gkräbpóng = Dose

bia sáwng gkaeo
= zwei Glas Bier
bia sáam khüat
= drei Flaschen Bier

Essen bestellen
Name des Gerichts + Anzahl + *thìi*
oder + *Jaan* (Teller) + Anzahl + *bai*
oder + *chaam* (Schüssel) + Anzahl + *bai*

Khît dtang khà (Denken Sie an das Geld), gemeint ist die Rechnung.

12 B

Übungen

Ist hier auch etwas dabei, was Sie zu bestimmten Tageszeiten nicht mögen?

1. Um diese Zeit noch nicht

2/10

*Weelaa nìi yang mài yäak **bpai thìao**.*

1. bpai thìao
2. phùut thai
3. sûe-kháwng
4. sang khrùeang-düehm
5. bpöeht râan
6. thaan aháan phët

Hoffentlich verstehen Sie dann auch die Antwort des Kellners – oder Sie verlassen sich einfach auf seine Empfehlung.

2. Was empfehlen Sie?

*Khun nâe-nam **bplaa** ärai?*

1. bplaa
2. khàao
3. khrùeang-düehm
4. chaa
5. gkaeng

Die Dialoge 12 A + B liefern die Vorgaben, wie es geht.

3. Auf Thai bitte

1. Was für ein Gericht (wörtl. mit-Reis) empfehlen Sie heute?
2. Reis mit Rindercurry ist wirklich lecker.
3. Ich werde es probieren.
4. Bitte sehr!
5. Die Rechnung bitte!

Fügen Sie zusammen, was zusammengehört. Falls es Probleme gibt, führen Sie sich nochmals die Dialoge 12 A + B zu Gemüte.

4. Wiedervereinigung

1. Khun jä' sang khrùeang-düehm ärai?
2. Khun nâe-nam khàao ärai?
3. Khun gkin aháan phët mái?
4. Wan-nîi khun jä bpai nái?
5. Díao-nîi khun tham ärai?

a ☐ Gkin mài phët.
b ☐ Díao-nîi mài tham ärai.
c ☐ Wan-nîi mài bpai nài.
d ☐ Jä sang nâm-chaa.
e ☐ Nâe-nam khàao-ràat-gkaeng.

1. *rôt-V.I.P* (Wagen-V.I.P. = klimatisierter Luxusreisebus)
2. *rôt-ae* (Wagen-Air = klimatisierter Reisebus)
3. *rôt-dooisáan* (Wagen-Passagier = nicht klimatisierter Reisebus)
4. *rôt-bpràjamthaang* (Wagen-Linie = Linienbus)

5. Busse

1. รถ วี ไอ พี
2. รถแอร์
3. รถโดยสาร
4. รถประจำทาง

Für den kleinen Hunger

12

Wer es authentisch mag, der kann an *rôt-khén* (Esskarren) bzw. *râan-kháai ahǎan khàang thânón* (Essstände am Straßenrand) den Hunger zwischendurch stillen. In größeren Städten sind *fùut-send-hoe* (Foodcenter) mit Couponsystem bei Touristen wie Einheimischen sehr beliebt. Die hygienischen Bedingungen sind dort besser als am Straßenrand, aber die einfachen Essstände bieten oft bessere Kost. Das wissen selbst wohlhabende Thai, die dort bisweilen Stammgast sind.

Viele dieser Stände sind spezialisiert auf beliebte Nudelgerichte, z. B. *bämii* (gelbe Eiernudeln), die typischerweise mit *múu daeng* (rotem Schweinefleisch) oder *gîao* (*Wantan*-Teigtaschen) bestellt werden. Bei den Kueytiao-Ständen gibt es zwei Sorten Nudelsuppe: Entweder nur mit *nûea* (Rindfleisch) oder einer Auswahl, die von *lù-uk-chin-nûea* (Rindfleischbällchen) über *khrûeang-nai* (Innereien) bis hin zu gekochtem Blut reicht. Letzteres wird *nám-dhök* (Wasserfall) genannt, weil Blut mit kochendem Wasser übergossen wird und stockt. Oder solche mit gemischtem Angebot, wie *múu* (Schweinefleisch), *bplaa* (Fisch), *gkäi* (Huhn) und *bpët* (Ente).

Ein auch bei Ausländern beliebtes Nudelgericht sind die mild gewürzten *phat-thai*, gebratene dünne Nudeln u. a. mit Sojabohnen, Ei, Tofu, Shrimps, Zwiebeln, chinesischen Lauchblättern oder Erdnüssen. Lecker sind auch *khänóm-jiin*, was eigentlich „chinesische Süßigkeit" heißt. Der Begriff soll aber aus der Mon-Sprache stammen und „klebrige Nudeln" bedeuten, was die Nudeln in der Tat sind. Es handelt sich um kalte weiße Reisnudeln, die mit *nâm-yaa*, einer aromatischen Fischsoße, serviert werden. Dazu bedient sich jeder nach Belieben von dem Angebot an Sojabohnensprossen, Zwiebeln und eingelegtem Gemüse.

Nudelgerichte bestellen: *Kháw* + Nudelsorte + *näwi khrâp/khà* (ich möchte bitte ...-Nudeln. Bei *Kueytiao sèn-...: sèn-yäi* (breit), *sèn-lêk* (dünn), *sèn-mii* (Glasnudeln). Bei Eiernudeln: *bämii* oder *mii gkräwp* (knusprig), dazu Zutaten wie *lùuk-chin* (Fleischbällchen), *nâm* (als Suppe) oder *hàeng* (trocken, also ohne Suppe).

Im **Foodcenter** kauft man aufladbare Magnetkarten oder Coupons, übrig gebliebene kann man am selben Tag zurücktauschen.

Man gibt kein Trinkgeld an einfachen Imbissständen oder in Lokalen.

Ein-Teller-Gerichte
khàao-ràat-gkaeng (Reis-übergießen-Curry)
khàao-nàa-gkäi (Reis-Vorderseite-Huhn)
khàao-man-gkäi (Reis-Fett-Huhn = Reis mit gekochtem Huhn und oft leckerer Brühe)
khàao-phät (gebratener Reis)

T Test 3

Ein paar Fragen zum Essen und zur Königsfamilie – beide erfreuen sich in Thailand großer Beliebtheit. Wer die Texte zur Landeskunde aufmerksam gelesen hat, der findet leicht die richtige Antwort.

1. Welche Antwort stimmt?

1. Was bedeutet ***man*** in *thàwt-man-bplaa*?
   - a ☐ Fett
   - b ☐ Knolle
   - c ☐ Öl

2. Was bedeutet ***khìi-núu*** in *phrîk-khìi-núu*?
   - a ☐ grün-weiß
   - b ☐ wie viel Finger?
   - c ☐ Mäusekot

3. Wo wohnt die thailändische Königsfamilie?
   - a ☐ Grand Palace
   - b ☐ Wât Arun
   - c ☐ Chitlada Palace

4. Wie viele Töchter hat Königin Sirikit?
   - a ☐ drei
   - b ☐ zwei
   - c ☐ vier

5. Wo wurde König Bhumipol geboren?
   - a ☐ in der Schweiz
   - b ☐ in Thailand
   - c ☐ in den USA

6. Wie heißen die Bällchen in der Nudelsuppe?
   - a ☐ lùuk-chin
   - b ☐ lùuk-jiin
   - c ☐ lùuk-mii

Schnell die richtige Antwort gefunden, schon kann der Könner weiterschreiten zu neuen Aufgaben.

2. Fragen und Antworten

1. Híu-nâm mâi khâ?	a ☐ Kháw-thòot ïm lâeo khrâp.
2. Gkin phët dài mâi?	b ☐ Dï-chán bpai sûe-kháwng maa.
3. Ao ïik mâi khâ?	c ☐ Híu nît-näwi khrâp.
4. Khun tham ärai maa?	d ☐ Mii láai-thìi.
5. Khun nâe-nam bpai thìi-nái dii?	e ☐ Mài khào-jai.
6. Khào-jai mái khâ?	f ☐ Mài dtàwng phët thàoräi khà.

3. Was fehlt?

1. Híu-______ mâi.
   a ☐ äan
   b ☐ nâm
   c ☐ bàan

2. Râwang, phët ______!
   a ☐ màak
   b ☐ moong
   c ☐ maa

3. Ïm ______ jing-jing.
   a ☐ loei
   b ☐ lîao
   c ☐ lâeo

4. Bpai thìao ______ maa?
   a ☐ thìi-nîi
   b ☐ thìi-nái
   c ☐ thìi-nûun

5. Thûk khon ______ bpai duu Grand Palace.
   a ☐ khuehn
   b ☐ khùen
   c ☐ khuan jä

6. Sïi-yàek dtäw-bpai lîao ______.
   a ☐ säi
   b ☐ säbaai
   c ☐ sâai

Diese Sätze rund ums Essen und Besichtigen ergeben nur mit dem richtigen Wörtchen einen Sinn. Zudem dienen sie im Gebrauchsfall der Völkerverständigung.

4. Wie sagt man das auf Thai?

1. Bist du hungrig?
2. Scharf essen kann (ich) nicht.
3. Leider bin ich schon satt.
4. Ich bin noch nicht besichtigen gegangen.
5. Fahren Sie nicht geradeaus, biegen Sie links ab!
6. Gibt es eine Speisekarte in englischer Sprache?

Wenn Sie diese Sätze flüssig übersetzen können, ist der Touristenalltag schon gesichert. Die Feinheiten des Thai lernen Sie in den folgenden Lektionen. Deshalb schnell umblättern!

13

Am Bahnhof

Khoraat ist die gebräuchliche Abkürzung der Stadt Nakhon Raatchasima. Genauso heißt das große Plateau im Nordosten Thailands, zwischen dem Kháo-Yäi-Gebirge und dem Mekong gelegen.

Khoraat ist u. a. Ausgangspunkt für Ausflüge in den eindrucksvollen Kháo-Yäi-Nationalpark mit seinem großen Urwaldgebiet und zu den bedeutendsten Khmer-Ruinen Thailands: Phimai und Phanom Rung.

Auf dem Rückweg vom Grand Palace zu ihrem Hotel fällt Hilde ein, dass sie sich langsam um die Planung ihrer großen Rundreise kümmern sollte. Also fährt sie zum Bahnhof, um sich dort eine Fahrkarte zu kaufen: *Dĭ-chán kháw jawng dtúa bpai Khoraat wan phârûehät* (Ich möchte eine Fahrkarte reservieren nach Khoraat am Donnerstag). Der Angestellte möchte wissen: *Thìi-nàng rúe thìi-nawn?* (Sitz- oder Liegeplatz?) Hilde entscheidet sich für einen Sitzplatz, da die Strecke für eine Nachtfahrt zu kurz ist. Außerdem freut sie sich darauf, etwas von der Landschaft zu sehen. Die nächste Frage lautet: *Rôt thammadaa rúe rôt-ae?* (Normal oder klimatisiert?) Nun gilt es nur noch die Abfahrtszeit zu klären. Gegen Mittag wäre günstig, dann käme sie am frühen Abend in Khoraat an.
Da kommt ihr der Gedanke, dass sie ja gleich von hier aus die Weiterfahrt nach Nong Khai buchen könnte, diesmal aber im Liegewagen: *Kháw jawng dhúa-nawn nüeng dtúa, thìi-ae* (Ich möchte eine Liegewagenkarte reservieren, klimatisiert). Anschließend folgen die Details: *Chân sáwng, dtiang làng bpai Nóng Khaai wan sáo khà* (2. Klasse, unteres Bett, nach *Nong Khai* am Samstag).
Der Herr hinterm Schalter bearbeitet fleißig seinen Computer: *Kháw-thòot dtiang làng möt lâeo khrâp, mii dtäe dtiang bon* (Leider sind die unteren Betten schon weg, es gibt aber obere Betten). Macht nichts, denkt Hilde und ordert ein oberes Bett.

Thii-nàng rúe thii-nawn?

13 A

2/11

jawng	reservieren
dtúa	Fahrkarte
thìi-nàng	Sitzplatz
thìi-nawn	Liege(wagen)platz, auch: Bett
rôt	Wagen, Fahrzeug, Waggon
thammadaa	normal, gewöhnlich, üblich
ae	klimatisiert
châi-weelaa	dauern
dtaam-thammadaa	normalerweise
gkoehn	überschreiten, (nicht) mehr als
doehn-thaang	reisen, verreisen
thìang	Mittag

● Dì-chán kháw jawng dtúa bpai Khoraat wan phârûehät.	Ich möchte reservieren eine Fahrkarte nach Khoraat am Donnerstag.
■ Khun dtàwng-gkaan thìi-nàng rúe thìi-nawn khrâp?	Möchten Sie einen Sitz- oder Liegewagenplatz?
● Thìi-nàng khà.	Einen Sitzplatz bitte.
■ Rôt thammadaa rúe rôt-ae khrâp?	Normaler oder klimatisierter Wagen?
● Rôt-ae säbaai gkwäa khà.	Der klimatisierte Wagen ist angenehmer.
■ Phaehng gkwäa dûai khrâp.	Auch teurer.
● Mài bpen rai khà. Bpai Khoraat châi-weelaa thàorài khâ?	Macht nichts. Nach Khoraat dauert es wie lange?
■ Dtaam-thammadaa mài gkoehn hök chùa-moong khrâp.	Normalerweise nicht mehr als sechs Stunden.
● Mmh.	Mmh.
■ Khun yäak jä äwk doehn-thaang gkìi-moong khrâp?	Um wie viel Uhr wollen Sie abreisen?
● Dì-chán yäak jä äwk dtawn-thìang.	Ich möchte mittags abreisen.

doehn-thaang
(gehen-Weg = reisen)

ae kommt von englisch „air".

Eigentlich bestellt man Fahrkarten so, wie es Hilde im Dialog 13 B mustergültig vormacht. Bei der Bestellung in 13 A allerdings muss ihr der Angestellte die Wünsche „aus der Nase ziehen".

kháw jawng = bitten um, reservieren

dtúa bpai Khoraat
bpai wird hier als Präposition verwendet:
Fahrkarte **nach** Khoraat

rôt thammadaa (Wagen-normal = 3. Klasse)

dtaam-thammadaa
(gemäß-normal = normalerweise)

mài gkoehn (nicht-mehr als = überschreitet nicht)

châi weelaa = wörtl. Zeit brauchen
sía weelaa = wörtl. Zeit verschwenden, verbrauchen, spät kommen
sía = wörtl. verderben, kaputt

yäak = mögen
wird gern verbunden mit *jä* = werden
yäak jä bpai = möchte fahren

yäak jä äwk ... (möchte-herausbewegen)
Der Zusammenhang ist klar, das Wort **verreisen** muss nicht wiederholt werden.

13 A

Übungen

Es gibt viele Gelegenheiten, um einen Gefallen zu bitten. Trainieren Sie deshalb schon einmal Ihre Spechwerkzeuge beim Nachsprechen.

1. Bitten um oder mögen

▶ 2/12

*Kháw **sang khrùeang-düehm**.*

1. sang khrùeang-düehm
2. äan meenuu
3. ao aháan nìi
4. bpai râan-kháai-phlawi

Die richtige Antwort fällt Ihnen sicher nicht schwer. Wenn doch, sollten Sie das Wiederholen und Üben nicht vergessen.

2. Was brauchen Sie?

1. Khun dtàwng-gkaan ärai?
   - a ☐ Bpai sûe-kháwng maa.
   - b ☐ Dtàwng-gkaan dtúa.
2. Khun yäak jä äwk gkïi-moong?
   - a ☐ Bäai moong.
   - b ☐ Wan-sáo.
3. Châi-weelaa thàoräi?
   - a ☐ Châi-weelaa hàa moong.
   - b ☐ Châi-weelaa hàa chùa-moong.

Verflixt und zugenäht: Wo stecken nur die richtigen Antworten auf die Fragen? Wie immer hilft genaues Hinsehen.

3. Um wie viel Uhr reisen Sie ab?

1. Khun jä äwk doehn-thaang gkïi-moong?
2. Khun jawng ärai?
3. Khun dtàwng-gkaan ärai?
4. Khun jä bpai wan-nái?
5. Khun jä bpai nái?

- a ☐ Jä bpai Khoraat.
- b ☐ Dtàwng-gkaan aháan.
- c ☐ Hàa moong yen.
- d ☐ Jawng dtúa bpai Surin.
- e ☐ Wan-aathît.

Der Satz *Wáng wàa wang wàang* macht sogar Sinn.

4. Hoffentlich frei

▶ 2/13

1. wàang = frei, unbesetzt
2. wang = Palast
3. waang wâi = ablegen
4. wáng wàa = hoffen, dass ...

Mài mii bpanháa!

2/14

khäbuan	Zug
naaligkaa	Uhr (bei offiziellen Uhrzeiten)
chân	Klasse, Stockwerk
dtök-long	einverstanden
râwn	heiß
dhúa-nawn	Liegewagenkarte
làng	unten
möt	zu Ende, weg
bon	oben
bpanháa	Problem

● Mii thìi wàang mái khà?	Gibt es freie Plätze?
■ Raw säk-khrùu nâ khrâp. Mii khrâp.	Warten Sie bitte einen Moment. (Ja) gibt es.
● Dii khá.	Gut.
■ Dtäe khäbuan thìi jä äwk sïp-ët naaligkaa sïi-sïp-hàa naathii mài mii rôt-ae, dtäe mii rôt thammadaa.	Aber der Zug, der 11.45 Uhr abfährt, hat keine klimatisierten, hat nur normale Waggons.
● Dtök-long.	Auch einverstanden.
■ Weelaa nîi mài râwn thàoräi khrâp.	Um diese Zeit ist es nicht so heiß.
● Lae' kháw jawng dhúa-nawn nüeng dtúa, thìi-ae, chän sáwng, dtiang làng bpai Náwng Khaai, wan säo khà.	Und ich möchte eine Liegewagenkarte reservieren, klimatisiert, 2. Klasse, unteres Bett, nach Nong Khai am Samstag.
■ Kháw-thòot khrâp, dtiang làng möt lâeo khrâp, mii dtäe dtiang bon.	Leider sind die unteren Betten schon weg, es gibt aber obere Betten.
● Mài mii bpanháa!	Kein Problem!

khäbuan ist ein K-Wort und heißt z. B. auch Prozession oder *rôt-fai* (Eisenbahn) und wird an dessen Stelle verwendet.

thìi wàang (Platz-unbesetzt = freier Platz, freie Plätze)

dtäe = aber, nur
Beide Möglichkeiten kommen im Dialog vor.

Zur Wiederholung:
mái + Adjektiv + *thàoräi* = nicht so …

dhúa-nawn nüeng dtúa
= Liegewagenkarte eine Fahrkarte
dhúa-nawn sáam dtúa
= drei Liegewagenkarten
alternativ:
thìi-nawn sáam thìi
= Liegewagen drei Plätze

mài mii bpanháa!
= Kein Problem!
Wird gern und zu jeder Gelegenheit benutzt.

Ortsangaben
khàng = Seite + Richtung:
khàng-bon = oben
khàng-làng = unten
khàng-nàa = vorn
khàng-láng = hinten
khàng-nai = innen
khàng-nàwk = außen
khàng khàng = neben

Übungen

Seien Sie so frei und setzen bitte einfach die Wörter ein.

1. Ist dieses Zimmer frei?

2/15

***Hàwng**-nìi wàang mái khrâp?*

1. hàwng
2. boe
3. dtiang
4. gkunjae
5. khrùeang

Ordnen Sie die Sätze. Beginnen Sie mit
1. *Dtàwng-gkaan*
2. *Mii*
3. *Dtiang*
4. *Mii*

2. Kuddelmuddel

1. sáam thìi dtàwng-gkaan thìi-nàng
2. wàang thìi mái mii ?
3. möt dtiang lâeo làng
4. dtäe mii bon dtiang

Auf jeden Topf passt ein Deckel und zu jeder Frage eine Antwort. Sätze 1 und 2 sind fast austauschbar, aber eben nur fast.

3. Topf und Deckel

1.	Mii thìi wàang mái khâ?	a ☐	Thìi-nàng khà.
2.	Thìi wàang mii mùea-räi khâ?	b ☐	Wan-angkaan khrâp.
3.	Khun jä äwk wan-nái khâ?	c ☐	Mài mii khrâp.
4.	Thìi-nàng rúe thìi nawn khrâp?	d ☐	Chân-sáam khà.
5.	Khun jawng chân-nái khrâp?	e ☐	Mài gkawn phrùng-nîi khrâp.

1. *rôt-sáwng-tháeo* (Wagen-2-Sitzreihen = Minibus)
2. *rôt-thâeksîi* (Wagen-Taxi = Taxi)
3. *dtûk-dtûk* = Tuk-Tuk
4. *mawdhoesai-râp-jàang* (Motorrad-empfangen-mieten = Motorrad-Taxi)

4. Verkehrsmittel

1. รถสองแถว
2. รถแท็กซี่
3. ตุ๊กๆ
4. มอเตอร์ไซค์รับจ้าง

Reisemittel

13

Unterwegs in Thailand – kein Problem! Man fährt recht bequem von Ort zu Ort und passt den Reisestil dem Geldbeutel an. Zur Wahl stehen *rôt-V.I.P* (VIP-Busse), die in einer Reihe drei komfortable Sitze haben, eine Stufe preiswerter die *rôt-ae* (klimatisierte Busse) mit je zwei Doppelsitzen pro Reihe, schließlich die *rôt-dooisáan* (Reisebusse), bei denen geöffnete Fenster die Klimaanlage ersetzen und die Plätze weniger bequem sind. In den Preisen der klimatisierten Busse sind meist Getränke wie Cola und Kaffee sowie kleine Mahlzeiten inbegriffen. Bei Nachtfahrten sind diese gegen oder nach Mitternacht weniger schmackhaft, aber man muss ja nicht zugreifen. Auch die einfachen Busse machen eine Imbisspause und legen vor Gaststätten einen Halt ein.
Die Züge haben auf Nachtfahrten ab der 2. Klasse *thìi-nawn thammadaa* (normale Liegewagenplätze) und *thìi-nawn ae* (klimatisierte Liegewagen), die meist sehr sauber sind. Die normalen Waggons sind nicht klimatisiert, kühlen stattdessen mit der altbewährten Fenster-auf-Technologie und Ventilatoren. Die Abteile der 1. Klasse sind Zwei-Bett-Abteile, zu empfehlen für Paare, die gern unter sich bleiben wollen. Aber Vorsicht, diese Abteile sind meist eher kalt statt kühl. Die Sitze in den Wagen der 3. Klasse sind durchaus bequem. Weitere Vorteile sind der günstige Preis und die problemlose Versorgung während der Reise: Bei Zwischenstopps warten an den Bahnsteigen die meisten Händler mit ihrer Ware bei den Wagen der 3. Klasse.

Auf Nebenstrecken schwindet der Komfort der Transportmittel rapide: Typisch sind die *sáwng-tháeo* (zwei-Reihen): Pickup-Taxis oder sogar Lkws mit zwei Sitzreihen auf der Ladefläche. In den Bergen muss man häufig auf den Ladeflächen mehr oder weniger gedrängt stehen, ggf. kann man auf Gepäck sitzen. Während der Regenzeit ist Krafttraining inklusive: Die Fahrgäste dürfen schieben helfen, um das stecken gebliebene Gefährt wieder freizubekommen.

In größeren Busbahnhöfen kauft man die Fahrkarten an den Schaltern für die jeweiligen Zielorte, in der Provinz oft im Bus. Fahrten im Liegewagen kann man online 30 Tage im Voraus buchen. Der neue große Hauptbahnhof von Bangkok (*Krung Thep Aphiwat Central station,* abgekürzt *KTW*) liegt 7 km nördlich des alten *(Hualampong)*, von wo es einen kostenlosen Shuttlebus gibt.

14

Zum Lumpini-Park

Súan Lum (Abkürzung für Lumpini-Park): Thai kürzen längere Namen gern ab.

Joggen in Bangkok
Die Riesenstadt ist kein Paradies für Jogger. Es gibt nur zwei größere Parks im Zentrum, den Chatuchak- mit Rotfai-Park und den Lumpini-Park. Dieser ist über einen Fuß- bzw. Radweg mit dem weitläufigen Gelände der Tabakfabrik und dem neu angelegten (Benjakiti-Park) *Súan Benjagkidti* nördlich des Queen-Sirikit-Kongresszentrums verbunden. Wer mehr von Bangkok erjoggen will, kann sich den Hash House Harrier Clubs der Stadt anschließen.

Nach ihrer Besichtigungstour verschnauft Hilde nur kurz im Hotel. Irgendwie hat sie das Bedürfnis nach etwas sportlicher Betätigung. Kein Wunder, hat sie sich doch bisher nur vom Tuk-Tuk durch die Gegend chauffieren lassen. Sie erinnert sich an die morgendlichen Sportler im Lumpini-Park und denkt: Ein bisschen joggen wäre jetzt genau das Richtige.
Sie wirft sich in lockere Klamotten und fragt an der Rezeption: *Jäak roong-raehm nìi bpai wìng thìi nài dii?* (Von diesem Hotel geht man wo gut joggen?) Die Antwort fällt nicht zu Hildes Zufriedenheit aus: *Nàng rôt-thâeksìi bpai Súan Lum dii gkwäa* (Nehmen Sie besser ein Taxi zum Lumpini-Park). Sie hakt nach, ob man nicht auch direkt vom Hotel aus loslaufen kann. *Mài sädüak màak dtäe mii thaang* (Nicht sehr angenehm, aber es gibt einen Weg), räumt der Rezeptionist ein und erklärt ihr, wie sie hinkommt. Es scheint, als hätte Hilde einen Sportfreund vor sich. Deshalb fragt sie weiter: *Lae' khun lâ', khun lèn gkiilaa rúe bpläo?* (Und Sie, treiben Sie Sport?) *Phóm mii weelaa näwi* (Ich habe wenig Zeit), windet er sich heraus: *Chàwp duu muai thai lâe' fûtbawn màak* (Thai-Boxen und Fußball sehe ich sehr gern).

Chùai athîbaai hài dï-chán näwi

14 A

▶ 2/16

roong-raehm	Hotel
wìng	laufen, rennen, joggen
ròehm	anfangen, beginnen
sädüak	angenehm, günstig
thaang	Weg, Richtung
chùai	helfen, bitte ...
athîbaai	erklären
hài	für, geben, erlauben
säphaan	Brücke
säphaan-lawi	Fußgängerbrücke
khàam*	überqueren

- ● Jäak roong-raehm nìi wìng bpai thìi nái dii? — Von diesem Hotel geht man wo gut joggen?
- ■ Nàng rôt-thâeksìi bpai súan Lum dii gkwäa. — Setzen Sie sich besser in ein Taxi und fahren zum Lumpini-Park.
- ● Dï-chán yäak ròehm wìng jäak roong-raehm. — Ich möchte vom Hotel zu laufen beginnen.
- ■ Mài sädüak màak dtäe mii thaang. — Nicht sehr angenehm, aber es gibt einen Weg.
- ● Chùai athîbaai hài dï-chán näwi. — Bitte erklären Sie (es) mir.
- ■ Äwk jäak roong-raehm bpai thaang Sükhúmvït gkäwn. — Gehen Sie vom Hotel zunächst in Richtung Sukhumvit.
- ● Lâeo-gkaw? — Und dann?
- ■ Mii säphaan-lawi. Khàam säphaan lâeo khun lîao khwáa rúe (lîao) sâai. — Es gibt eine Fußgängerbrücke. Nach Überqueren der Brücke biegen Sie rechts oder links ab.

Passiv wird selten benutzt:
thüuk + Verb + *dooi*
dooi = durch, im Sinn von Art und Weise

chùai kann wie *kháw* verwendet werden, besonders bei einer Bitte um Hilfe.

* hier ausgesprochen im Chiang-Mai-Dialekt

3 Mal *hài*

1. bringen:
Ao bplaa maa hài phóm (nehmen-Fisch-kommen-geben-ich = **Bring** mir Fisch!)

2. für:
Khun Sobha tham hài dï-chán lâeo (Frau Sobha-machen-für-ich-schon = Frau Sobha hat es schon **für** mich gemacht).

3. ..., dass ...:
Phóm dtàwng-gkaan hài khun maa wan-nîi = Ich möchte, **dass** du heute kommst. Aber:
Phóm mài hài khun maa wan-nîi = Ich **erlaube** nicht, dass du heute kommst.

khàam säphaan lâeo (überqueren-Brücke-schon = nach Überqueren der Brücke)

säphaan-lawi
1. Fußgängerbrücke
2. Autobrücke über Kreuzung

Zur Erinnerung:
lawi wird wie „loi" ausgesprochen.

Übungen

Ersetzen Sie bitte die jeweiligen Tätigkeiten: *duu khon* = Leute anschauen Erinnern Sie sich noch an *doehn-thìao?*

1. Vom Hotel aus

2/17

Jäak roong-raehm bpai ***sûe-kháwng*** *thìi nái dii?*

1. sûe-kháwng
2. doehn-thìao
3. thìao
4. duu khon
5. gkin-khàao
6. jawng dtúa

Hier war immer Herr Suban am Werk. Aber eigentlich geht's in dieser Übung um Passiv. Bitte ersetzen Sie Substantiv und Verb.

2. Herr Suban

Dtúa-nîi *thüuk* ***jawng*** *dooi khun Suban.*

1. dtúa-nîi ... jawng
2. aháan-nîi ... tham
3. sùea-yùeht ... sûe
4. rôt-thâeksìi ... kháai

Wer diese Sätze richtig übersetzen kann, der wird seinen Weg schon finden. Können Sie World Trade Center richtig nach Thai-Art aussprechen? Offiziell heißt es jetzt übrigens *Central World Plaza.*

3. Es geht auch ohne Taxi

1. Wo gehe ich vom Hotel aus gut einkaufen?
2. Fahren Sie mit dem Taxi am besten zum World Trade Center.
3. Aber ich möchte direkt vom Hotel aus einkaufen gehen.
4. Nicht sehr günstig.
5. Wie kann ich gehen?
6. Überqueren Sie zunächst die Fußgängerbrücke und biegen Sie nach links ab.

Jeder Satz mit Ziffer braucht einen Partner mit Buchstaben. Wenn's passt, wird aus dem Pärchen mehr als nur eine Sätzepartnerschaft um das Wörtchen *hài.*

4. Pärchenbildung

1. Chùai ao chaa maa hài.
2. Chùai tham nìi hài phóm.
3. Hài phlawi dài mái?
4. Kháw hài dĭ-chán bpai thìao.
5. Dtàwng-gkaan hài khun tham aháan.

a ☐ Mài dàai, phaehng bpai.
b ☐ Kháw-thòot chaa möt lâeo.
c ☐ Bpai thìao mài dàai.
d ☐ Kháw-thòot tham mài dàai.
e ☐ Mài ruu tham aháan yangrăi.

Der *Wai* und schwimmen haben nichts miteinander zu tun, also kein *Wai* im Wasser!

5. Oh wei, oh wei

2/18

1. wài = Wai
2. wàai-nâm = schwimmen
3. wâi-jai = anvertrauen
4. wâi = aufbewahren, weg-/ablegen
5. wáai = Rattan
6. wái = können (körperlich)
7. wai-fai = brennbar

Màai sànŭk khà

14 B

▶ 2/19

thìi-nùun	dort
bawrîween	Umgebung, Gegend
roong-yaa-süup	Tabakfabrik
gkaan-jaraajawn	Verkehr
lèn	spielen
gkilaa	Sport
muai thai	Thai-Boxen
fûtbawn	Fußball

■ Khrâp. Thúeng thìi-nùun wìng nai bawrîween roong-yaa-süup rúe?	Ja. Dort angekommen, joggen Sie in der Umgebung der Tabakfabrik, oder?
● Lae' thàa lîao khwáa?	Und falls ich rechts abbiege?
■ Khun gkàw thúeng roong-yaa-süup, dtäe mii gkaan-jaraajawn màak.	Sie kommen auch zur Tabakfabrik, aber es gibt viel Verkehr.
● Mài sänük khà.	Macht keinen Spaß.
■ Khrâp.	Ja.
● Khäwp-khun màak khà. Láeo khun lâ', khun lèn gkiilaa rúe bpläo?	Vielen Dank. Und Sie, treiben Sie Sport oder nicht?
■ Phóm mii weelaa näwi, chàwp duu muai thai lâe' fûtbawn màak.	Ich habe wenig Zeit, sehe Thai-Boxen und Fußball sehr gern.

khào: hineinbewegen, hineingehen, betreten

muai = Faustkampf

roong-yaa-süup (Halle-Medizin/Droge-inhalieren = Halle-Tabak = Tabakfabrik)

***khwaam* + Adjektiv = Substantiv**
khwaam (Zustand/Qualität, meist abstrakte Begriffe)
râwn (heiß)
khwaam-râwn (Hitze)
jing (wahr)
khwaam-jing (Wahrheit)

***gkaan* + Verb = Substantiv**
(substantivisch gebrauchte Infinitive)
gkaan + *jaraajawn* (fahren)
gkaan-jaraajawn (Verkehr)
phùut (sprechen)
gkaan-phùut (das Sprechen)

14 B

Übungen

Gehen Sie geradeaus bis in die Umgebung ... Erst hören, dann nachsprechen, schließlich in der Praxis anwenden. So kommen Sie bestimmt nicht nur in die Umgebung dieser sechs Orte, sondern ans Ziel.

1. Geradeaus

2/20

*Dtrong bpai thúeng **roong-yaa-süup**.*

1. roong-yaa-süup
2. dtäläat
3. râan-kháai-phlawi
4. roong-raehm Thai
5. sätháanii rôt-fai-fâa
6. sätháanii

Lesen Sie diese Sportarten laut, dann finden Sie sicher heraus, welche sich dahinter verbirgt.

2. Welcher Sport ist das?

1. bâasägketbawn
2. bäedmindtàn
3. bping-bpong
4. sänukgkoe
5. thennît
6. wawnleebawn

Wenn Sie wie üblich auf die Verben achten, finden Sie prompt die richtige Antwort. Vorsicht: Die Sätze 2, 4, 5 ähneln sich, da heißt es genau hinsehen.

3. Antworten auf Fragen

1. Khun jä wìng bpai nái?
2. Khun lèn gkiilaa ärai?
3. Thàa lîao khwáa thúeng thìi-nái?
4. Khun chàwp duu gkiilaa ärai?
5. Thammai khun mài duu gkiilaa?

a ☐ Mài mii weelaa lèn gkiilaa.
b ☐ Chàwp duu fûtbawn.
c ☐ Mài chàwp gkiilaa.
d ☐ Phóm jä wìng bpai súan.
e ☐ Khun jä thúeng thìi Häat Yäi.

1. *dtrong-bpai* = fahren Sie geradeaus
2. *khàang-sâai* = linke Seite
3. *thaang-sâai-mueh* (Weg-links-Hand = linker Hand)
4. *lîao-sâai* = links abbiegen
5. *khàang-khwáa* = rechte Seite
6. *thaang-khwáa-mueh* = rechter Hand
7. *lîao-khwàa* = rechts abbiegen

4. geradeaus – links – rechts

1. ตรงไป
2. ข้างซ้าย
3. ทางซ้ายมือ
4. เลี้ยวซ้าย
5. ข้างขวา
6. ทางขวามือ
7. เลี้ยวขวา

Nicht nur Fußball

Bei Fußball und *muai thai* (Thai-Boxen), dem Nationalsport, sind alle Thai-Männer Fachleute. So klingt es wenigstens, wenn man sie über Sport fachsimpeln hört. Leidenschaftlich geliebt wird vor allem *muai thai*, die alte Kampfsportart, bei der mit Fäusten, Ellbogen, Knien und Füßen gekämpft werden darf. Wenn sich irgendwo Menschentrauben vor einem Fernseher bilden, dann meist wegen *muai thai*. Ein Erlebnis sind Livekämpfe, z. B. im Bangkoker Ratchadamnoen- oder Lumpini-Stadion: Als Nicht-Thai staunt man über die einheizende Musik, die geballten Emotionen der Zuschauer und erst recht über die besonderen Rituale der Kämpfer: Bevor die drei Kampfrunden beginnen, dürfen weder *wài khruu* (Respekt für den Lehrer) noch *ram muai* (Tanz-Boxen) fehlen.
Aber nur wenige Thai boxen selbst. Ein echter Breitensport hingegen ist *sehpàk-dtàgkràw* (Sepak-Takraw). Das Wort setzt sich zusammen aus dem malaiischen *Sepak* und dem thailändischen *Takraw* (Rattanball). Beide Völker behaupten, das Spiel erfunden zu haben und werden darin abwechselnd „Weltmeister". Der Ball wird in oft artistischen Bewegungen mit dem Fuß über ein Volleyballnetz gespielt. Wie beim Beachvolleyball spielen zwei gegen zwei.
Nur wer Geld und Zeit hat, spielt *gkâwp* (Golf). Wie in vielen Ländern ist Golf auch in Thailand elitär und hat mehr mit dem Status als mit sportlicher Betätigung zu tun, obwohl es dort auch viele Top-Golfer gibt.

Sportarten
gkràbii-gkràbawng
= traditioneller Stockkampf

wàai nâm = Schwimmen

dam-nâm = Tauchen

bpiin (phuu-)khǎo
= Bergsteigen

khìi jàk-gkrayaan (reiten-Fahrrad = Fahrrad fahren)

Thainglish: Es gibt viele *thâp-sàp* (Lehnwörter), die aber auf Thai-Art ausgesprochen werden

15

Ich habe reserviert

Eine Pleite, wie sie Hilde mit dem ersten Hotel in Khoraat erlebt, ist in Thailand eher selten. Typisch und angenehm: Beide Seiten bleiben freundlich und höflich.

Rucksackreisende, die in einer einfachen Pension (*ges-hao,* Thai-Aussprache von guest-house) absteigen, sollten nicht allzu anspruchsvoll sein.

Endlich unterwegs, denkt Hilde, als sie nach vier, fünf Tagen Weltstadt im Zug sitzt. Bangkok hat ihr gut gefallen, doch nun freut sie sich, noch mehr vom Land zu sehen. Nach einigen Stunden Zugfahrt landet Hilde in Khoraat und geht zunächst einmal ins Hotel. An der Rezeption sagt sie: *Dï-chán dtàwng-gkaan hàwng dtiang-dïao* (Ich brauche ein Einzelzimmer), doch der Angestellte bedauert: *Hàwng dtâng-möt dtëm lâeo* (Alle Zimmer sind schon besetzt). Hilde kontert: *Dï-chán jawng hàwng wâi lâeo* (Ich habe schon ein Zimmer reserviert).
Während der Rezeptionist in seinen Unterlagen blättert, schaut sich Hilde skeptisch um. Hat sie vielleicht doch von Bangkok aus die Katze im Sack gebucht und ist nun in einem abgetakelten Schuppen gelandet? Höflich bittet sie: *Kháw duu hàwng gkäwn dài mài khâ?* (Kann ich vorher das Zimmer sehen?) Ihre Vorahnung bestätigt sich. Das erste Zimmer ist *síang-dang màak* (sehr laut), das zweite ist zwar *ngìap jing-jing dtäe mài sä'äat màak* (wirklich ruhig, aber nicht sehr sauber), das dritte Zimmer ist eigentlich in Ordnung, jedoch: *Mài mii ae, mii dtäe phâtlom* (Es hat keine Klimaanlage, hat nur Ventilator).
Schließlich reicht es ihr und sie fragt: *Tháeo-tháeo nìi mii roong-raehm dii gkwäa nìi mái khâ?* (Gibt es in der Nähe ein besseres Hotel als dieses?) Der Mann an der Rezeption reagiert überhaupt nicht beleidigt. Da traut sie sich noch eine Bitte nachzuschieben: *Kháw fäak gkräbpáo-doehn-thaang nâwi dài mái khâ?* (Kann ich das Gepäck abstellen?)

Dï-chán jawng hàwng wâi lâeo

15 A

▶ 2/21

dïao	einzeln
dtiang-dïao	Einzelbett
hàwng dtiang-dïao	Einzelzimmer
dtâng-möt	alle
dtëm	voll, besetzt
wâi	aufbewahren, lagern, ab-/wegstellen
thoo maa	anrufen (von)
chài lâeo	stimmt
mùea-waan-nîi	gestern
hàwng-nâm	Bad

● Dï-chán dtàwng-gkaan hàwng dtiang-dïao.	Ich brauche ein Einzelzimmer.
■ Kháw-thòot khrâp. Hàwng dtâng-möt dtëm lâeo.	Entschuldigung. Alle Zimmer sind schon voll.
● Dtäe dï-chán jawng hàwng wâi lâeo. Thoo maa jäak Gkrung-thèep.	Aber ich habe schon ein Zimmer reserviert. Habe von Bangkok aus angerufen.
■ Chài lâeo. Khun jawng wâi mùea-waan-nîi chài mái khrâp?	Stimmt. Sie haben gestern reserviert, nicht wahr?
● Chài khà, dtäe kháw duu hàwng gkäwn dài mài khâ?	Ja, aber kann ich das Zimmer vorher sehen?
■ Dài khrâp.	Können Sie.
● Mii hàwng-nâm nai hàwng rúe bpläo khâ?	Haben die Zimmer Bad oder nicht?
■ Mii khrâp.	Haben sie.

Achtung Unterschied:
dïao und *diao*:
*dtiang **dïao*** = Einzelbett
*khuehn **diao*** = nur eine Nacht

2 Mal anrufen:
thoo háa bpai = anrufen (nach)
thoo maa = anrufen (von)

Dï-chán jawng hàwng wâi lâeo.
wâi meint, dass die Reservierung aufbewahrt und nicht weggeworfen wurde, sehr optimistisch!

Monatsnamen
oft mit
khom = 31 oder
yon = 30
môgkäraa-khom = Januar
gkumpaa-phan = Februar
miinaa-khom = März
meesáa-yon = April
phruetsäphaa-khom = Mai
mîthunaa-yon = Juni
gkârâgkäda-khom = Juli
síngháa-khom = August
ganyaa-yon = September
dtülaa-khom = Oktober
phrûetsäjïgkaa-yon = November
thanwaa-khom = Dezember

Übungen

khùu = Paar
dtiang-khùu = Doppelbett
Satz 3 enthält Wörter, die lange nicht dran waren. Schon vergessen? Dann schlagen Sie doch in der Wörterliste am Buchende nach.

1. Ich brauche ...

2/22

Phóm/Dï-chán dtàwng-gkaan hàwng ***dtiang yäi****.*

1. dtiang yäi
2. dtiang-khùu
3. sámräp phâk sáwng khon
4. mii hàwng-nâm
5. mii ae

Wie üblich weist das Verb im Fragesatz den Weg zur passenden Antwort.
Bei 1. kommt es darauf an, ob Sie etwa nur ein Badezimmer brauchen.

2. Was gehört zusammen?

1. Khun dtàwng-gkaan hàwng ärai?
   - a ☐ Dtàwng-gkaan hàwng-nâm.
   - b ☐ Dtàwng-gkaan hàwng dtiang yäi.
2. Khun jawng hàwng wâi mùea-räi?
   - a ☐ Jawng mùea-waan-nîi.
   - b ☐ Jawng phrùng-nîi.
3. Khun kháw duu hàwng gkäwn mái?
   - a ☐ Chài, khào bpai duu.
   - b ☐ Chài, kháw duu.

Wer als Individualtourist durchs Land reist und sich die Übernachtungen selbst organisieren muss, kann hier schon kräftig üben.

3. Zimmerwünsche

1. Ich brauche ein Zimmer mit zwei Betten.
2. Leider sind die Zimmer mit zwei Betten schon weg.
3. Wir haben noch ein Zimmer mit großem Bett.
4. Kann ich das Zimmer vorher sehen?
5. Sicher.

Bei Satz 3 reicht es nicht, nur auf das Verb zu achten. Sie müssen den Sinn der zugehörigen Frage schon verstehen, auch kein Nachteil.

4. Antwort gesucht

1. Khun dtàwng-gkaan ärai?
2. Khun jawng hàwng ärai?
3. Khun jä phâk gkïi-khuehn?
4. Khun yäak duu hàwng ärai?
5. Mài chàwp hàwng-nîi rúe?

- a ☐ Yäak duu hàwng mii ae.
- b ☐ Khît wàa sáwng khuehn.
- c ☐ Mài chàwp thàoräi.
- d ☐ Jawng hàwng sáam dtiang.
- e ☐ Dtàwng-gkaan háwng dtiang-dïao.

Schulen Sie Ihre Ohren für die kleinen, aber feinen Unterschiede der Töne. Bei *nâa* machen erst die Anhängsel *-sáao* (für weibl. Verwandte) oder *-chaai* (männl.) deutlich, ob die Tante oder der Onkel gemeint ist.

5. Na, na!

2/23

1. naa = Reisfeld
2. nàa = Gesicht, Vorderseite
3. nâa = Onkel, Tante
4. náa = dick
5. näk = schwer (Gewicht)

Mài mii ae

2/24

phüeng	gerade, kürzlich
gkläp	zurückkehren
síang	Laut, Ton
dang(-dang)	laut
ngìap(-ngìap)	ruhig
yangngai	wie
sä'äat	sauber
süt-thâai	letzte/-r/-s
phâtlom	Ventilator
tháeo(-tháeo)	Gegend
fäak	abstellen, aufbewahren
gkräbpáo(-doehn-thaang)	(Reise-)Gepäck, Tasche

● Phüeng gkläp maa jäak duu hàwng. Síang-dang màak.	Gerade komme ich zurück vom Ansehen des Zimmers. Sehr laut.
■ Phóm khît wáa mài síang-dang thàoräi khrâp.	Ich dachte, es sei nicht so laut.
● Kháw duu hàwng üehn thìi ngìap gkwäa hàwng nìi khà.	Ich möchte ein Zimmer sehen, das ruhiger als dieses ist.
■ Bpen yangngai khrâp?	Wie ist es?
● Ngìap jing dtäe mài sä'äat (màak).	Wirklich ruhig, aber nicht (sehr) sauber.
■ Mii ìik hàwng dtäe bpen hàwng süt-thâai.	Es gibt noch ein Zimmer, ist das letzte Zimmer.
● Mài mii ae, dtäe mii phâtlom.	Es hat keine Klimaanlage, nur Ventilator.
■ Kháw-thòot khrâp.	Tut mir leid.
● Tháeo-tháeo nìi mii roong-raehm (thìi) dii gkwäa nìi mái khâ?	Gibt es in der Nähe ein besseres Hotel als dieses?
■ Mii khrâp.	Gibt es.
● Kháw fäak gkräbpáo-doehn-thaang nâwi dài mái khâ?	Kann ich das Gepäck abstellen?

tháeo = Reihe

***phüeng* + Verb**
Gerade beendete Vergangenheit:
phüeng maa thúeng
(gerade-kommen-erreichen = gerade angekommen)

duu hàwng thìi ngìap gkwäa hàwng nìi
Diese Konstruktion ist im Thai gebräuchlicher als etwa *duu hàwng ngìap gkwäa* = ein ruhigeres Zimmer ansehen

bpen hàwng süt-thâai
Zur Betonung steht *bpen* hier am Satzanfang.

süt-thâai (s. S. 107)

Adjektive und Adverbien werden im Thai gern verdoppelt:
dang-dang
ngìap-ngìap

Monat, Jahr und Datum
duean = Monat
bpii = Jahr
-thìi-lâeo = letzte/-r/-s, vergangene/-r/-s
-nìi = diese/-r/-s
-nàa = nächste/-r/-s

543 Jahre weiter
Phûttâsägkäráat (Buddhistische Ara, BÄ)
= *Khrîtsägkäráat* (Christliche Zeitrechnung, n. Chr.) + 543 Jahre, z. B.:
2025 n. Chr. = 2568 BÄ
wan-thìi (Datum)
3. Oktober: *sáam (duean) dtulaa (-khom)*

15 B

Übungen

Jetzt haben Sie schon einige Adjektive zur Auswahl. Was Sie über diese Übung denken, ist Ihre Privatsache, also Ohren auf, Gehirn und Sprechwerkzeuge aktivieren und durch!

1. Ich dachte, dass ...

2/25

Khît wàa mài ***dang*** *thàoräi.*

1. dang
2. yäi
3. râwn
4. thüuk
5. sámkhan
6. sädüak

Hier setzen Sie bitte das Substantiv jeweils am Anfang und am Ende ein und dazwischen das Adjektiv.

2. Ich möchte ... sehen, ...

Kháw duu ***hàwng*** *üehn thìi n****gìap*** *gkwäa* ***hàwng*** *nìi.*

1. hàwng – ngìap
2. súan – yäi
3. raan-aháan – dii
4. roong-raehm – sä'äat

Wenn Sie viel herumreisen, werden Sie diese Sätze bei der Zimmersuche bestimmt gebrauchen können.

3. Auf Thai bitte

1. Ich habe mir gerade das Zimmer angesehen.
2. Ich denke, es ist zu laut.
3. Wollen Sie ein anderes Zimmer sehen?
4. Ja. Aber es muss klimatisiert sein.
5. Kein Problem.

1. *thît-núea* = Norden
2. *thît-dtài* = Süden
3. *thît-dtawan-äwk* = Osten
4. *thît-dtawan-dtök* = Westen

Als Zugabe:

5. *thît-dtawan-äwk-chíang-núea* (Osten-Diagonale-Nord = Nordosten)

chíang = Diagonale

4. Himmelsrichtungen

1. ทิศเหนือ
2. ทิศใต้
3. ทิศตะวันออก
4. ทิศตะวันตก
5. ทิศตะวันออกเฉียงเหนือ

Die großen Straßen

15

Alle Wege führen nach Bangkok – oder beginnen hier. Sukhumvit ist eine der Hauptstraßen Bangkoks, doch selbst wer die Sukhumvit mehr als 20 km stadtauswärts fährt, hat noch lange nicht ihr Ende erreicht. Fährt man weiter nach Südosten, findet man auch in den Städten Chonburi, Pattaya, Rayong oder Chanthaburi die Sukhumvit als eine der Hauptachsen. Von Bangkok aus führt sie über 420 Kilometer bis an die kambodschanische Grenze bei Hat Lek.

Dabei ist die Sukhumvit die kürzeste der großen Straßen Thailands. Richtung Nordosten, nach Nong Khai an der laotischen Grenze, verläuft mit über 600 Kilometern die *Mithapap-Road* (Freundschaft-Straße, Highway 2) Sie wird wie die anderen Fernstraßen zunehmend autobahnartig ausgebaut.

Die Phahonyothin übertrifft deutlich beide Fernstraßen. Sie beginnt mitten in Bangkok am Victory Monument und endet erst nach 900 Kilometern Richtung Norden in Maesai an der burmesischen Grenze. Den Spitzenplatz hält mit Abstand jedoch die über 1200 Kilometer lange nach Süden führende Petchkasem, die bis Sungai Golok an der malaysischen Grenze führt.

Ähnlich
Faustregel (nicht nur) auf Thailands Straßen: Je größer das Fahrzeug, desto mehr Rechte nimmt sich dessen Fahrer heraus. Berüchtigt sind die Lkw-Fahrer und unter diesen die der *sìp-lâw* (wörtl. 10-Rad, also 10-rädrige Lkw). Die Fahrer sind oft aufgeputscht mit *yaa-bàa* (Medizin/Droge-verrückt), früher bekannt als *yaa-mâa* (Pferdepille), es handelt sich dabei um Metamphetaminpillen.

Anders
Übrigens: Bei Unfällen begehen die Verursacher grundsätzlich Fahrerflucht, wenn sie können.

16

Interesse am Urwald?

Hilde mutet sich die Orte Phimai und Phanom Rung als Tagestour von Khoraat aus zu. Sie selbst sollten sich mehr Zeit lassen. Bei den meisten Sehenswürdigkeiten zahlen (westliche) Ausländer deutlich höhere Eintrittsgelder.

Mit dem nächsten Hotel hat Hilde mehr Glück. Lange hält sie es jedoch nicht in ihrem Zimmer aus, denn sie hat Hunger. Bald sitzt sie in einem gut besuchten Lokal beim Abendessen. Während sie auf ihr Essen wartet, kommt ein Herr an ihren Tisch und fragt höflich: *Kháw-thòot khrâp, phóm kháw nàng rùam dtô' gkäp khun dài mài khrâp?* (Entschuldigen Sie, kann ich mich an Ihren Tisch setzen?) Er macht einen sympathischen Eindruck, so antwortet sie: *Choehn khà, yindii* (Bitte sehr, gern).

Sie kommen schnell ins Plaudern: *Khun bpen nâk-thòng-thìao, chài mái khrâp?* (Sie sind Touristin, nicht wahr?), fragt er. Das war ja nun nicht schwer zu erraten. Hilde hat's da bei dem gepflegt-glatten Aussehen ihres Gegenübers schon schwerer: Sie hält ihn für einen *nâk-thûrâgkït* (Geschäftsmann), doch er gibt sich als *nâk-wîtsäwâgkawn* (Ingenieur) aus. Über seine nächste Frage wundert sich Hilde etwas: *Thìi-nîi khun rûusüek yäang-rai?* (Wie fühlen Sie sich hier?) Es sei hier *nàa-bùea* (langweilig), fasst sie ihre ersten Eindrücke zusammen, aber sie freue sich auf die Fahrt zu den Khmer-Ruinen von Phimai und Phanom Rung. Da kennt er sich gut aus und erklärt ihr, wie sie am besten dort hinkommt. Dann möchte er wissen: *Khun són-jai bpäa rúe?* (Interessieren Sie sich für den Urwald?) Hilde ist sich in diesem Punkt ihrer Reiseplanung noch nicht sicher, denn: *Són-jai màak dtäe gklua dùai nît-näwi* (Interessiere mich sehr, habe aber auch etwas Angst). Doch auch hier hat ihr neuer Bekannter Tipps parat und empfiehlt den beliebten Khao Yai-Nationalpark.

Náng rùam dtô' gkàp khun dài mài?

2/26

rùam	zusammen, hinzufügen
dtô'	Tisch
nâk-thòng-thìao	Tourist/-in
nâk-thûrâgkìt	Geschäftsmann
wîtsäwâgkawn	Ingenieur/-in
rûusüek	fühlen, sich fühlen
nàa-bùea	langweilig
bpräasäat(-hín)	Schloss, Steintempel/-ruine
khäméen	kambodschanisch, Khmer-...
nàa-thúeng	einen Besuch wert
thìi-diao	(nur) einmal

■ Kháw-thòot khrâp, phóm kháw nàng rùam dtô' gkàp khun dài mài khrâp?	Entschuldigen Sie, kann ich mich an Ihren Tisch setzen?
● Choehn khà, yindii.	Bitte sehr, gern.
■ Khun bpen nâk-thòng-thìao, chài mái khrâp?	Sie sind Touristin, nicht wahr?
● Chài khà, lae' khun lâ', khun bpen nâk-thûrâgkìt rúe bpläo?	Ja, und Sie, sind Sie Geschäftsmann oder nicht?
■ Mài chài khrâp, phóm bpen wîtsäwâgkawn. Thìi-nîi khun rûusüek yäang-rai?	Nein, ich bin Ingenieur. Wie fühlen Sie sich hier?
● Nàa bùea! Dtae phrùng-níi jä bpai thìao Phimaai lae' Phanom Rùng.	Langweilig! Aber morgen fahre ich Phimai und Phanom Rung besuchen.
■ Bpräasäat-hín khäméen nàa-thúeng thìi-diao.	Die Khmer-Ruinen sind einmal einen Besuch wert.
● Khun ruu rúe bpläo wàa bpai yäang-rai?	Wissen Sie, wie ich hinkomme?
■ Mii rôt dtrong bpai Phimai.	Es gibt einen direkten Bus nach Phimaai.

nàng rùam dtô' (sitzen-zusammen-Tisch = gemeinsam am Tisch sitzen)

choehn (wörtl.: einladen, häufig gebraucht als: Bitte sehr!)
Vorsicht:
Wer mit *choehn* zum Essen einlädt, bezahlt, wer *chuan* sagt, geht davon aus, dass die Rechnung geteilt wird.

Berufe
achìip = Beruf
gkìtjägkaan = Tätigkeit

1. **meist gebraucht:**
   nâk (Experte bzw. Person, die etwas überwiegend tut) + Verb/Substantiv
   nâk-gkiilaa (Sport) = Sportler/-in
   nâk-rian (lernen) = Schüler/-in
   nâk-süeksáa (studieren) = Student/-in
2. **bei bestimmten Berufen:**
   phùu (Person) + Verb + Substantiv
   phùu-jät-gkaan = erledigen-Angelegenheit = Manager
3. **Handwerk:**
   chàang (Handwerker, Künstler) + Verb + Substantiv
   chàang-dtat-phóm (schneiden-Haar = Friseur)
   chàang-dtäd-sùea (schneiden-Hemd = Schneider)

nàa = Gesicht (siehe S.107)
sìa-nàa = Gesicht verlieren (gilt es zu vermeiden)

16 A

Übungen

Ersetzen Sie einfach *nàng* durch die aufgezählten Einladungen. Wir hatten zwar *bpai thìao*, aber noch nicht *maa thìao*, es bedeutet hier „besuchen kommen“.

1. Bitte machen Sie es sich bequem!

2/27

*Choehn **nàng** dtaam säbaai.*

1. nàng
2. maa yìam phóm
3. khào maa hàwng phóm
4. khùen bàan
5. nàng rùam dtô’
6. maa thìao bàan dï-chán

Setzen Sie bitte wie immer das für Sie passende *phóm/dï-chán, khrâp/khà* und Ihren Namen ein. Wissen Sie noch, wie man sich vorstellt? (Hilfe gibt’s in Lektion 2 A.) Satz 5 heißt wörtlich: Sie haben Beruf was?

2. Auf Thai bitte

1. Entschuldigen Sie. Ist dieser Tisch frei?
2. Bitte setzen Sie sich an meinen Tisch.
3. Ich möchte mich vorstellen. Ich heiße …
4. Wann sind Sie in Thailand angekommen?
5. Was haben Sie für einen Beruf?
6. Ich bin Autorin und Sie?

Welche Antworten passen? Obwohl die Thai eigentlich immer höflich sind, haben wir hier die Höflichkeitspartikel ausnahmsweise mal weggelassen.

3. Fragen über Fragen

1. Nàng rùam dtô’ dài mái?
2. Khun bpen wîtsäwâgkawn mái?
3. Khun rûusüek yäang-rai?
4. Nàa-són-jai mái?
5. Khun ruu wàa bpai yäang-rai dii?

a ☐ Kháw-thòot, mài wàang.
b ☐ Mài chài, bpen nâk-thûrâgkït.
c ☐ Ruu dtäe mài ngàai.
d ☐ Rûusüek mài dii.
e ☐ Mài chài, nàa-bùea.

Die traditionelle Thai-Massage *nùat-pháen-booraan* hat einen guten Ruf, nicht zu verwechseln mit *äab-öp-nùat* (baden-backen-massieren) in Massagepalästen.

4. Schnauzbart massieren

2/28

1. nüat = Schnauzbart
2. nùat = Massage, massieren
3. nüeai = müde
4. nûea = Rind

Khun són-jai bpäa rúe?

2/29

bplïan	wechseln, umsteigen
khrâng (ràek)	(erstes) Mal
baang-thii	vielleicht
wáng	hoffen
són-jai	interessieren
bpäa	Wald, Urwald
gklua	Angst haben, ängstlich
nît-näwi	etwas, ein wenig
üttayaan-häeng-chàat	Nationalpark
Kháo Yäi	Großer Berg
bpläwtphai	sicher
lóng thaang	sich verlaufen, Weg verlieren
nàa-duu	sehenswert

■ Jäak Phimaai khun dtàwng bplïan rôt nüeng rúe sáwng khrâng.	Von Phimai müssen Sie ein- oder zweimal umsteigen.
● Mài mii bpanháa.	Kein Problem.
■ Khrâng ràek thìi Burirom. Bang-thii jäak Burirom mii rôt dtrong bpai Phanom Rùng.	Das erste Mal in Buriram. Vielleicht gibt es von Buriram einen direkten Bus nach Phanom Rung.
● Wáng wàa jä mii.	Ich hoffe, dass es einen gibt.
■ Khun són-jai bpäa rúe?	Interessieren Sie sich für (Ur)wald?
● Són-jai màak dtäe gklua nît-näwi.	Interessiere mich sehr, habe aber etwas Angst.
■ Üttayaan-häeng-chàat Kháo Yäi bpläwtphai thäa mài lóng (thaang).	Der Nationalpark Khao Yai ist sicher, wenn man den Weg nicht verliert.
● Thäa mii weelaa khît wàa jä bpai.	Falls ich Zeit habe, denke ich, dass ich (hin)fahre.
■ Nàa-duu màak.	Sehr sehenswert.

***nàa* + Verb**
drückt Gefühlszustände aus und entspricht den deutschen Adjektivendungen -wert, -haft, -lich:
chom = bewundern, loben → *nàa-chom* = bewundernswert, lobenswert
râk = lieben → *nàa-râk* = liebenswert, niedlich
sóng-sái = zweifeln → *nàa-sóng-sái* = zweifelhaft
gklïat = hassen → nàa-*gklïat* = hässlich

Ordnungszahlen
thìi + Zahl
thìi-sáam = der/die/das Dritte
thìi-hàa-râwi = der/die/das 500.
Ausnahmen:
der, die, das Erste:
Substantiv + *ràek*
khrâng-ràek = das erste Mal
wan ràek = der erste Tag
(nicht bei Datum: *wan-thìi-nüeng*)

der/die/das **Letzte**:
khrâng süt-thâai = das letzte Mal
wan süt-thâai = der letzte Tag

Übungen

Mit *dtàwng bplïan rôt* (müssen wechseln Wagen) können Sie so oft umsteigen, wie Sie wollen. Bei dieser Übung muss es aber mindestens vier Mal sein.

1. Wie oft muss ich umsteigen?

2/30

***Phóm** dtàwng bplïan rôt **khrâng-diao**.*

1. Phóm – khrâng-diao
2. Dï-chán mài – loei
3. Phóm khît wàa khun – láai-khrâng
4. Dï-chán – sáwng khrâng thàonân

Sie interessieren sich für Wald, oder etwa doch mehr für Hilde oder etwas ganz anderes? Dann setzen Sie einfach statt *bpäa* das obskure Objekt Ihrer Begierde ein.

2. Interessen

*Khun són-jai **bpäa** rúe?*

1. bpäa
2. mueang thai
3. khon âwsdtria
4. Khun Hilde
5. hàwng nîi
6. bpräasäat-hín khäméen

Wer Probleme beim Übersetzen hat, der kann in den Dialogen 16 B und 13 A noch einmal nachlesen. Völlig Ratlosen hilft der Lösungsschlüssel am Ende des Buches.

3. Auf Thai bitte

1. Wie oft muss ich umsteigen?
2. Einmal.
3. Ich hoffe, dass ich nur einmal umsteigen muss.
4. Nach Buriram dauert es wie viele Stunden?
5. Ich weiß nicht genau, ich denke, dass es nicht mehr als zwei Stunden dauert.

Wer genau hinschaut, findet bei den Fragen schon eindeutige Hinweise auf die Antworten. Höflicher und damit authentischer wäre es mit den Höflichkeitspartikeln.

4. Schau genau!

1.	Dtàwng bplïan rôt gkïi-khrâng?	a ☐	Mii.
2.	Mii rôt dtrong bpai Surin mái?	b ☐	Thàa lóng thaang.
3.	Khun són-jai bpäa mái?	c ☐	Nàa-duu jing-jing.
4.	Bpäa andtäraai mài?	d ☐	Khît wàa khrâng diao.
5.	Náa-duu mài?	e ☐	Mài sónjai, nàa-gklua.

1. *nâk-rian* = Student/-in
2. *nâk-râwng* = Sänger/-in
3. *nâk-thàwng-thìao* = Tourist/-in
4. *nâk-thûrâgkït* = Geschäftsmann/-frau

5. Berufe

1. นักเรียน
2. นักร้อง
3. นักท่องเที่ยว
4. นักธุรกิจ

Khmer-Ruinen in Thailand

16

Vom 8. bis zum 15. Jahrhundert gehörten weite Teile des heutigen Zentral- und Nordostthailand zum Khmer-Reich. In Lopburi in Zentralthailand erinnern einige Ruinen aus dem 12. und 13. Jahrhundert noch heute an diese Periode. Im Nordosten (Isáan) des Landes gibt es nicht nur Dutzende *bpräasäat-hín* (Steintempel) aus den unterschiedlichen Epochen der Khmer-Ära. In den Provinzen Buriram, Surin und Sisaket sprechen auch heute noch viele Menschen die Sprache der einstigen Eroberer aus der Nachbarschaft, dem heutigen Kambodscha. Dieser Landesteil wird auch *Khaméen súung* (Oberkambodscha) genannt, weil er höher als Zentralkambodscha hinter der Gebirgskette Phanom Dongrak liegt. Die besterhaltenen und prächtigsten Khmer-Ruinen außerhalb Kambodschas sind die *bpräasäat-hín* von *Phimai* und *Kháo Phanom Rung*. *Phanom* (Khmer: *Phnum*) heißt Berg, Hügel, der Name ist also doppelt gemoppelt. Und in der Tat liegt *Phanom Rung* auf einem erloschenen Vulkan. Ganz in der Nähe, in der Ebene am Fuße des Berges, liegt eine weitere sehenswerte Ruinenstadt: *Mueang Dtam* (*Muang Tam* = tief liegende Stadt). Sie wurde durch ein Erdbeben zerstört, dessen Erdverwerfungen heute noch deutlich sichtbar sind.

Die Thai, die im 13. Jahrhundert – den Mongolen ausweichend – nach Süden in das Gebiet des heutigen Thailand einwanderten, nannten die dort angetroffenen Khmer *Syam* (von Sanskrit *Shyama* = die Dunklen). Daraus leitete sich *Siam* ab, bis 1939 der offizelle Name des Königreiches.
Sowohl für Thai wie Khmer gilt helle Haut als Schönheitsideal. Deshalb empfinden die Thai es als Beleidigung, wenn sie von den Khmer *Siem* gerufen werden.

Test 4

Ist aus den Begleittexten noch was hängengeblieben?

1. Welche Antwort stimmt?

1. Was ist *Khoraat*?
   a ☐ ein Getränk
   b ☐ ein Gewürz
   c ☐ eine Stadt

2. Was ist ein *sáwng-tháeo*?
   a ☐ ein Doppelbett
   b ☐ ein Pickup-Taxi
   c ☐ ein Zweirad

3. Wie wird „Snooker" auf Thai ausgesprochen?
   a ☐ snuckel
   b ☐ sänugkaa
   c ☐ sänukgkoe

4. Wie lang ist die Sukhumvit?
   a ☐ 25 km
   b ☐ 420 km
   c ☐ 1400 km

5. Woher leitet sich „Siam" ab?
   a ☐ von syam (dunkel)
   b ☐ von siamesischen Zwillingen
   c ☐ von Siamkatzen

6. Wo gibt es keine Khmer-Ruinen?
   a ☐ in Phanom Rung
   b ☐ in Phimai
   c ☐ in Phuket

Wenn Sie die Dialoge der Lektionen 13–16 nicht nur überflogen haben, erkennen Sie die Sätze sicher wieder. Hier tauchen sie verkürzt noch einmal auf.

2. Fragen und Antworten

1. Khun jä äwk gkïi-moong khrâp?	a ☐ Mài mii thaang wìng.
2. Thìi-nîi wàang mái khrâp?	b ☐ Bpläo, mài mii weelaa lèn.
3. Bpai wìng thìi-nài dii?	c ☐ Nàe-nawn dài khrâp.
4. Khun lèn gkiilaa rúe bpläo?	d ☐ Són-jai màak.
5. Kháw duu hàwng dài mái?	e ☐ Wàang khà.
6. Khun són-jai bpäa mái?	f ☐ Jä äwk dtawn-thìang.

3. Was fehlt?

1. Weelaa-nîi mài ___ thàoräi.
   a ☐ ròehm
   b ☐ râwn
   c ☐ roong

2. Mài __ bpanháa.
   a ☐ mii
   b ☐ mìit
   c ☐ mia

3. Chùai athîbaai ___ phóm nâwi.
   a ☐ híu
   b ☐ hài
   c ☐ hua

4. Dï-chán jawng hàwng __ lâeo.
   a ☐ wan
   b ☐ wau
   c ☐ wâi

5. Mài mii ae, mii __ phâtlom.
   a ☐ dai
   b ☐ dtäe
   c ☐ dtaam

6. Khun ____ yäng-rai?
   a ☐ rûujek
   b ☐ rûusak
   c ☐ rûusüek

So klein die fehlenden Wörtchen auch erscheinen mögen – sie sind nicht ohne.

4. Wie sagt man auf Thai?

1. Wie lange dauert es nach Surin?
2. Gibt es freie Sitzplätze?
3. Bitte erklären Sie (es) mir!
4. Treiben Sie Sport oder nicht?
5. Ich brauche ein Einzelzimmer.
6. Kann ich mich zu Ihnen an den Tisch setzen?

Hoffentlich bleiben Sie nicht am letzten Satz hängen, dann würden Ihnen nämlich die nächsten Abenteuer von Hilde entgehen.

17

Ausflug

Der 1959 gegründete Kháo-Yäi-Nationalpark ist mit einer Fläche von 2168 qkm eines der letzten großen zusammenhängenden Regenwaldgebiete Thailands, mit dem Status UNESCO Weltnaturerbe. Die Tafelberge erreichen hier eine Höhe von 1300 m. Den Gipfel des Kháo Láem kann man mit dem Auto erreichen, ansonsten erschließt ein Netz von Wanderwegen den Nationalpark. Bei den Einheimischen besonders beliebt sind die Wasserfälle. Der Park ist von Bangkok aus über Päk Chòng oder Nâkhon Nayôk gut erreichbar.

Von ihrem Tagestrip zu den Khmer-Ruinen kehrt Hilde *nüeai* (müde), aber begeistert nach Khoraat zurück. Am nächsten Morgen würde sie gerne ausschlafen, doch sie ist mit ihrer Restaurantbekanntschaft Khun Suban verabredet. Nach einem verplauderten Abendessen hatte er sie eingeladen, mit ihm und seiner Familie einen Ausflug in den Urwald des Kháo-Yäi-Nationalparks zu unternehmen. Tatsächlich steht er schon in der Hotelhalle, um Hilde abzuholen, während seine Frau und das Kind im Auto warten. Gut gelaunt fragt er: *Khun Hilde nawn-läp yäang-rai, fán rueang ärai khrâp?* (Hilde, wie haben Sie geschlafen, was haben Sie geträumt?) Noch nicht ganz wach, gesteht Hilde: *Jam mài dàai khà, nawn-läp säbaai dtäe ngùang-nawn nît-näwi* (Ich kann mich nicht erinnern, habe angenehm geschlafen, bin aber noch etwas schläfrig).
Bald ist Hilde aber hellwach – dafür sorgt Subans Fahrstil: *Khun khäp gkëng màak, dtäe mài dtàwng rìip yäang-nân, khäp châ-châa gkaw dàai* (Sie fahren sehr gut, müssen sich aber nicht derart beeilen, langsam fahren geht auch). Aber Suban liebt es nun mal *reo-reo* (schnell-schnell). Und das Gebiet der Kháo Yäi (Große Berge) liegt nicht gleich um die Ecke. Dort angekommen, schlägt Suban vor: *Thìi-ràek jä khùen bpai yàwt Kháo Láem phùea chom vyuu, lâeo-gkàw doehn bpai nâm-dtök* (Zuerst fahren wir auf den Gipfel des *Kháo Láem* und genießen die Aussicht, dann laufen wir zu einem Wasserfall).

Fán rueang ärai khrâp?

2/31

läp, nawn-läp	schlafen
fán	Traum, träumen
rueang	Thema, über
jam	sich erinnern
ngùang-nawn	schläfrig
khäp	fahren, lenken
rìip	sich beeilen
yäang-nân	so, derart
châ-châa	langsam (Adverb)
phanrâyaa	Ehefrau
lùuk	(eigene) Kinder
yäang-nîi	so

■ Khun Hilde nawn-läp yäang-rai, fán rueang ärai khrâp? — Hilde, wie haben Sie geschlafen, was haben Sie geträumt?

● Jam mài dàai khà, nawn-läp säbaai dtäe ngùang(-nawn) nît-näwi. — Ich kann mich nicht erinnern, habe angenehm geschlafen, bin aber noch etwas schläfrig.

■ Mài bpen rai, läp nai rôt gkaw dài khrâp. — Macht nichts, Sie können auch im Wagen schlafen.

● Khun khäp gkëng màak, dtäe mài dtàwng rìip yäang-nân, khäp châ-châa gkaw dàai. — Sie fahren sehr gut, müssen sich aber nicht derart beeilen, langsam fahren geht auch.

■ Phanrâyaa gkäp lùuk phóm gkaw bäwk yäang-nîi. — Meine Frau und mein Kind sagen auch so.

nawn-läp
wörtl. liegen-schlafen

châ-châa
= langsam-langsam
Bei der Verdoppelung wird die erste Silbe kürzer gesprochen, das gilt allgemein bei Verdoppelungen:
yàat = Verwandte/-r
yàt-yàat = Verwandtschaft

Verwandtschaft
khràwp-khrua = Familie
màe = Mutter
phàw = Vater
(Anrede: *khun* ...)
phàw-màe = Eltern
phìi-nâwng = Geschwister
lùuk-sáao = Tochter
lùuk-chaai = Sohn
dëk = Kind (allgemein)
aa = jüngere Geschwister des Vaters
nâa = jüngere Geschwister der Mutter
bpàa = ältere Schwester der Eltern
lung = Onkel (allgemein), bzw. älterer Bruder der Eltern

Thai reden einander mit Verwandtschaftsbezeichnungen an, auch wenn sie nicht verwandt sind:
Jüngere: *nâwng*
Ältere: *phìi*
Sehr viel Jüngere und Kinder: *núu* („Mäuschen")
Elterngeneration: *lung* (Onkel) *nâa, bpàa* (Tante)
Großelterngeneration: *bpüu, dtaa* (Opa)
yàa, yaai (Oma)
Aber:
Ranghohe, Mönche: *thàn*
Ärzte: *khun máw*
Gelehrte, Lehrer: *ajaan*

17 A

Übungen

Haben Sie auch gut geschlafen? Wenn nicht, für diese Übung kein Problem! Hier müssen Sie nicht groß nachdenken, sondern nur die Wörter einsetzen.

1. Gut geschlafen

2/32

*Fán jam mài dàai, nawn-läp **säbaai**.*

1. säbaai
2. naan-naan
3. châ-châa
4. reo-reo
5. dii jing-jing
6. phaw lâeo

„Macht nichts, Sie können tun, was Sie wollen!“ Nicht ganz, schließlich sollen hier die vorgegebenen Wörter an entsprechender Stelle eingesetzt werden. *rôt* muss übrigens nicht immer „Auto“ bedeuten!

2. Macht nichts!

*Mài bpen rai, **gkin** nai rôt gkaw dài.*

1. gkin
2. äab-nâm
3. lawng chim duu
4. chom vyuu
5. fán
6. dtüehn

Eine Übung für Ausgeschlafene! Der Dialog 17 A hilft zwar weiter, doch abkupfern allein hilft nicht weiter.

3. Wie im Traum

1. Wie hast du geschlafen?
2. Von was hast du geträumt?
3. Kannst du dich an den Traum erinnern?
4. Bist du noch schläfrig?
5. Wirst du noch etwas im Auto schlafen?

Welche Antwort passt zu welcher Frage? *dtrong weelaa* (gerade Zeit = pünktlich)

4. Fragen und Antworten

1. Khun fán rueang ärai?
2. Khun nawn-läp yäang-rai?
3. Thammai rìip yäang-nân?
4. Khrai gkaw bäwk yäang-nîi?

a ☐ Yäak jä thúeng dtrong weelaa.
b ☐ Mài ruu, jam mài dàai.
c ☐ Phóm gkaw bäwk yäang-nîi.
d ☐ Nawn-läp mài khòi säbaai.

Teil 2 der verflixt schwierigen Gruppe um *gkao-khao*. Zum Glück dürften die Wörter in Wirklichkeit kaum zusammen auftreten, oder wie sehen Sie das?

5. Klebstoff kratzen

2/33

1. gkao = kratzen
2. gkaao = Klebstoff
3. gkäo = alt (Sachen)
4. gkào = neun
5. gkàao = Schritt

Khun chàwp khäp reo-reo

2/34

reo(-reo)	schnell(-schnell)
gklài	nah
chòok-dii	Glück, zum Glück
thanón	Straße
andtäraai	gefährlich
thìi-ràek	zuerst, zunächst
yàwt	Gipfel
laem	Vorsprung, Landzunge
phùea	für, um zu
chom vyuu	Aussicht genießen
dii-jai	sich freuen
nâm-dtök	Wasserfall

● Khun Suban chàwp khäp rôt reo-reo, chài mái khâ?	Herr Suban, Sie lieben schnell fahren, nicht wahr?
■ Chài khrâp, dtäe Kháo Yäi mài gklài loei.	Ja, aber Khao Yai ist überhaupt nicht nah.
● Jing-jing rúe?	Wirklich?
■ Khrâp, thàa mài rìip gkaw mài thúeng.	Ja, wenn (wir uns) nicht beeilen, kommen (wir) nicht (so) bald an.
● Chòok-dii thìi khun khäp gkëng, thanón gkaw dii, mài andtäraai.	Ein Glück, dass Sie geschickt fahren, die Straße ist auch gut, nicht gefährlich.
■ Thìi-ràek jä khùen bpai yàwt Kháo Laem phùea chom vyuu.	Zuerst werden wir zum Gipfel des Khao Laem hinauffahren, um die Aussicht zu genießen.
● Dii-jai dùai.	Freue mich auch (darauf).
■ Lâeo-gkaw doehn bpai thìi nâm-dtök.	Dann gehen (wir) zu Fuß zu einem Wasserfall.
● Jä sänük màak.	Das wird viel Spaß machen.

Adjektive und Adverbien werden im Thai gerne verdoppelt:
jing-jing (wirklich)
reo-reo (schnell, schnell)

khìi + Verb/Adjektiv:
Ergibt Adjektive, die meist negative Gewohnheiten ausdrücken:
khìi = Kot
luehm = vergessen
khìi-luehm = vergesslich
khui = plaudern
khìi-khui = geschwätzig
níao = klebrig
khìi-níao = geizig
khìi-gkïat = faul
khìi-ïtcháa = neidisch
khìi-húeng = eifersüchtig

2 Mal bald
nai-mài-châa (in-nicht-langsam = bald)
reo-reo-nîi (schnell-schnell-dies = bald)
Beide Formen werden gleichberechtigt benutzt.

Richtungsverben
khùen bpai (aufsteigen-gehen = hinauffahren)

doppelt gemoppelt:
khùen bpai khàang-bon (aufsteigen-gehen-Seite-oben = nach oben gehen)
äwk-bpai- khàang-nàwk (heraus-bewegen-gehen-Seite-draußen = hinausgehen)

17 B

Übungen

... dann kann alles Mögliche passieren. Setzen Sie die Zeitangaben ein.
aathît nàa = nächste Woche
nai reo-reo-nîi (in schnell-schnell-dies = bald)

1. Wenn wir uns nicht beeilen ...

2/35

*Thàa mài rìip gkaw mài thúeng **wan-nîi**.*

1. wan-nîi
2. phrùng-nîi
3. dtawn-thìang
4. aathît nàa
5. nai reo-reo-nîi

Pläne schmieden ist schön. Setzen Sie jeweils ein, was Sie zuerst machen werden.

2. Zuerst werden wir ...

*Thìi-ràek jä **khùen bpai yàwt kháo**.*

1. khùen bpai yàwt kháo
2. long ruea bpai Äyûthaya
3. khùen rôt bpai Gkrung-thèep
4. bpai râan-aháan gkin khàao

Den Stoff für die Sätze finden Sie in Dialog 17 B. Mit 5. erklimmen Sie den Gipfel der Genüsse!

3. Fahren und laufen

1. Warum fahren Sie so schnell?
2. Wenn (wir) uns nicht beeilen, kommen (wir) nicht um 13 Uhr an.
3. Zum Glück ist die Straße sehr gut.
4. Ich möchte zum Wasserfall laufen.
5. Wann kommen (wir) am Gipfel des Berges an?

Lassen Sie zusammenwachsen, was zusammengehört. Finden Sie die passende Antwort?

4. Vereinigung

1. Thammai khun chàwp khäp cha-châa?
2. Yâwt kháo gklai mái?
3. Thanón nìi andtäraai mái?
4. Thìi-ràek jä bpai nái?
5. Khun chàwp doehn mái?

a ☐ Jä bpai duu nâm-dtök.
b ☐ Thàa mài gklai bpai.
c ☐ Säbaai gkwäa.
d ☐ Mài gklai loei, gklài.
e ☐ Mái andtäraai thàorăi.

1. *sukháa* = Toilette
2. *chaai* = männlich
3. *yíng* = weiblich
4. *hàam-khào* (verboten-betreten = Zutritt verboten)
5. *hàam-süup-burïi* (verboten-inhalieren-Zigarette = Rauchen verboten)

5. Toilette – Verbote

1. สุขา
2. ชาย
3. หญิง
4. ห้ามเข้า
5. ห้ามสูบบุหรี่

Schnüre und Amulette

17

Wundern Sie sich nicht, wenn Sie vor allem in Isarn oder in Laos Leute sehen, deren *khàw-mue* (Handgelenke) mit *sáai sín* (Schnüre) geschmückt sind. Dabei handelt es sich um eine Art Talisman: Die *sáai sín* sollen Glück und Lebenskraft bringen. Am Anfang steht eine *phithii-baai-síi-süu-khwán* (Zeremonie zur Erlangung von Glück und Lebensessenz) genannte stimmungsvolle *phithii* (Zeremonie), die ihre Ursprünge in der animistischen Urreligion hat. Zunächst segnen Mönche die Schnüre, die anschließend in den *phaan-phaa-khwán* (Gerüst für Lebensessenz) – ein Bäumchen oder Strauch gehängt werden. Anschließend werden sie Besuchern oder Ehrengästen umgebunden. Gerne werden dabei die *rât-dtanâ-dtrai,* die drei „Kostbarkeiten" des Buddhismus (Buddha, *Thamma* = Lehre, *Sanga* = Mönchsgemeinschaft) rezitiert. Die Schnüre sollten getragen werden, bis sie abfallen, was Monate dauern kann.

Die meisten Thai tragen *khrùeang-rang* (Amulette) um den Hals, oft sogar eine eindrucksvolle Sammlung davon. Die aus Ton gepressten Votivtäfelchen, die typischerweise *phrâ-sómdët* (das Abbild Buddhas oder eines verehrten Mönches) zeigen, sind nicht selten mit goldenen Gehäusen versehen. Obwohl auch die Amulette, die ja vor Unglück bewahren und Glück bringen sollen, ein Erbe der animistischen Urreligion sind, verwenden sie doch buddhistische Symbole.

Urreligion
Die Völker Südostasiens glaubten früher, dass alle Lebewesen und Dinge auf der Erde beseelt seien (Animismus) und alle Ereignisse durch übernatürliche Kräfte bedingt sind. Nur bestimmte Rituale können diese Kräfte positiv beeinflussen. Zum Schutz gegen böse Geister führen Priester magische Rituale durch, Talismane und Amulette wehren Dämonen ab. Buddhismus und Islam haben den Animismus zwar überlagert, aber nicht gänzlich verschwinden lassen. Die Bergstämme praktizieren noch heute ihre Riten.

In Bangkok gibt es beim Grand Palace einen Markt für Amulette. Seltene Stücke können Millionen Baht kosten. Spezielle Zeitschriften beschreiben besonders wertvolle Amulette und warnen vor Fälschungen.

18

Baden am Wasserfall

Loy Kratong
ist eines der reiz- und stimmungsvollsten *ngaan* (Feste). Der Name ist abgeleitet von *lawy* (auf dem Wasser treiben) und *gkräthong* (Kratong, Miniboot). Meist wird es in der Nacht des November-Vollmondes gefeiert. Aus Bananenblättern gefaltete Boote werden mit Opfergaben wie Kerzen, Räucherstäbchen oder Münzen bestückt. Angeblich erfüllen sich Wünsche, wenn die Kratong so lange auf dem Fluss treiben, bis man sie nicht mehr sehen kann. Die Thai glauben, dass *bäap* (Sünden) mit den Kratong davontreiben. Das Fest gilt auch als Dank für das Element Wasser.

Vom Aussichtspunkt auf dem Kháo Laem genießt Hilde gemeinsam mit Subans Familie den beeindruckenden Blick über das riesige Waldgebiet. Anschließend wandern sie zu einem der beliebten Wasserfälle des Khao Yai. Hilde plaudert ein wenig mit Subans Frau Phairat. Stolz meint sie, ihr Mann *râk thammachàat, duu-lae sĭngwàetlâwm* (liebt die Natur, kümmert sich um die Umwelt). Und sie selbst? *Gkaw chàwp múean-gkan, dtäe mài chàwp doehn gklai* (Mag auch, aber mag nicht lange laufen), schränkt sie ein.
Das Klima macht Hilde wieder müde. Beim Wasserfall angekommen, schlägt sie eine erfrischende Pause vor: *Mii weelaa äab-nâm nîtnäwi mái khâ?* (Haben wir etwas Zeit zum Baden?) Aber sicher, ein Bad im Fluss oder am Fuß der Wasserfälle gehört für Thai einfach zum Urwaldausflug dazu. Anschließend ist Hilde wieder so fit, dass sie sogar noch eine kleine Wanderung mit Suban unternimmt. Zeit bleibt genug, denn die beiden *jä söng Khun Hilde bpai säthäanii rôt-khón-söng* (werden Frau Hilde zum Busbahnhof schicken), von wo sie weiter nach Nong Khai fährt.
Suban macht keine halben Sachen: In Nong Khai hat er Freunde, die Hilde vom Bus abholen. Kaum angekommen, plaudern die neuen Bekannten schon drauflos: *Wan-nîi wan phîsëet, dtawn-khàm jä chäláwng Lawi-gkräthong* (Heute ist ein besonderer Tag, abends werden wir Loy Kratong feiern). Am Ufer des Mekong wird es zwar *khon-nàen* (voller Menschen) sein, aber das schreckt Hilde nicht.

Mii weelaa äab-nâm nît-näwi mái khâ?

18 A

2/36

sáamii	Ehemann
thoe	du, er, sie (bei Frauen)
râk	lieben
thammachàat	Natur
duu-lae	sich kümmern
sǐngwàetlâwm	Umwelt
múean-gkan	auch
doehn	laufen, gehen
gklai	weit
äab-nâm	baden
(phùak)-rao	wir
söng	schicken
säthäanii rôt-khón-söng	Busbahnhof

■ Sáamii thoe râk thammachàat, duu-lae sǐngwàetlâwm.	Mein Mann liebt die Natur, er kümmert sich um die Umwelt.
● Lae' khun lâ'?	Und Sie?
■ Gkaw chàwp múean-gkan, dtäe mài chàwp doehn gklai.	Mag auch, aber mag nicht weit laufen.
● Mii weelaa äab-nâm nît-näwi mái khâ?	Gibt es Zeit, ein wenig zu baden?
■ Mii khà. Phùak-rao jä söng Khun Hilde bpai säthäanii rôt khón-söng.	Haben wir. Wir schicken Sie (Frau Hilde) zum Busbahnhof.
● Khäwp-khun màak khà.	Vielen Dank.

thoe = vertrautes Du Frauen benutzen es auch, wenn sie von ihrem Mann sprechen.

kháo = vertrautes Du von Männern, auch: er, sie

2 Mal Busbahnhof

1. *säthäanii-rôt-bprä-jam-thaang*
2. *säthäanii-rôt-khón-söng*

Beide Begriffe werden gleichberechtigt benutzt.

Natur pur

dtön-mâi = Baum
däwk-mâi = Blume
bpäa-dong-dìp = Dschungel
hín = Stein, Fels
thàm = Höhle
bueng = Sumpf
thalee-säap = See
naa = Reisfeld
rài = Feld
sät(-bpäa) = (Dschungel-) Tier
châang = Elefant
khwaai = Wasserbüffel
nguu = Schlange
nôk = Vogel
yung = Moskito

18 A

Übungen

Sie liebt die Umwelt, und was sonst noch? Tauschen Sie einfach die Objekte aus. Und wen oder was lieben Sie?

1. Sie liebt ...

2/37

*Kháo râk **sĭngwàetlâwm** màak.*

1. sĭngwàetlâwm
2. khon thai
3. phùu-chaai khon-nîi
4. ahǎan yoeraman
5. dĕk

Ja, diese Übung ist eigentlich ganz einfach: Nur das letzte Wort austauschen, aber der Satz ist verdammt lang! Also Augen zu und durch!

2. Ja, aber ...

Gkaw chàwp thammachàat múean-gkan, dtäe mài chàwp ***doehn****.*

1. doehn
2. dtuehn reo
3. wàai-nâm
4. bpäa
5. nâm-dtök

Vielleicht eine Inspirationsquelle: Sie nehmen Ihr Cocktailglas in die Hand und machen ein wenig auf Gattinnengeplauder. Bei 6. genügt *khrâp* oder *khà.*

3. Der liebe Ehemann

1. Was liebt Ihr Ehemann?
2. Er liebt die Natur sehr.
3. Kümmert er sich um die Umwelt oder nicht?
4. Ich hoffe, dass er sich kümmert.
5. Sie wissen es nicht genau?
6. Ja.

Bitte entwirren Sie dieses Wortknäuel zu brauchbaren Sätzen. Satz 1 beginnt mit *sáamii*, der 2. mit *dï-chán* und Nummer 3 mit *phóm.*

4. Wortsalat

1. doehn sáamii chàwp dï-chán gklai mài
2. nît-näwi wáang jä weelaa wàa äab-nâm mii dï-chán
3. säthàanii söng phóm khun jä rôt-fai-fâa bpai

Vier Wortpaare mit nützlichen Begriffen, doch Vorsicht, die Töne machen den Unterschied!

5. Hübsches Dutzend

2/38

1. läw = gut aussehend, hübsch
2. lóo = Dutzend
3. phäk = Gemüse
4. phâk = bleiben, übernachten
5. rìak = rufen
6. rian = lernen
7. yùng = beschäftigt, keine Zeit
8. yung = Moskitonetz

Wan-nîi wan phîsëet

2/39

phùean	Freund
dtïït-dtäw	kontaktieren, in Verbindung setzen
dtawn-khàm	abends
chäláwng	feiern
Lawi-gkräthong	Loy-Kratong-Fest
hén	sehen
dàiyin	hören
ngaan-chäláwng	Feier, Fest
fäng-màe-nâm	Ufer des Flusses
khoong	Mekong
khon-nàen	voller Menschen
ïik-thìi	noch einmal

- ■ Yindii dtäwn-râp. Phùean dtïït-dtäw maa mùea-waan-nîi lâeo. — Willkommen. Die Freunde haben sich schon gestern in Verbindung gesetzt.
- ● Yindii màak thìi maa thúeng Náwng Khaai. — Ich bin froh, in Nong Khai angekommen zu sein.
- ■ Wan-nîi wan phîsëet, dtawn-khàm jä chäláwng Lawi-gkräthong. — Heute ist ein besonderer Tag, abends werden (wir) Loy Kratong feiern.
- ● Yang mài hén khà, dtäe dàiyin rueang ngaan-chäláwng nìi lâeo. — Noch nicht gesehen, aber habe über dieses Fest schon gehört.
- ■ Dtaam fäng-màe-nâm-khóong jä mii khon-nàen màak. — Am Ufer des Mekong wird es voller Menschen sein.
- ● Mii ärai khâ? Chùai phùut ïik-thìi näwi khà. — Was gibt es? Bitte sagen Sie es noch einmal.
- ■ Mii khon-nàen, khon yoe´-yoe´. — Voller Menschen, viele Leute.
- ● Mài bpen rai. — Macht nichts.

pîsëet = speziell, besonders
wan phîsëet = besonderer Tag

Wasser u. a. Flüssigkeiten
nâm-düem = Trinkwasser
nâm khâeng = hartes Wasser = Eis
nâm-yen = kaltes Wasser
nâm-dtòm = abgekochtes Wasser
nâm-soodaa (Sodawasser = Wasser mit Kohlensäure)
nâm-ràe = Mineralwasser (in Thailand nicht weit verbreitet)
nâm-sòm(-khân) = Orangensaft (frisch gepresst)
nâm-màphrâao = Kokosnusswasser
nâm-âwi = Zuckerrohrsaft

màe-nâm (Mutter des Wassers = Strom)
nâm-hùai = Bach

nâm-háwm = Duftwasser, Parfüm
háwm = duften
mén = stinken

Zum Mitnehmen, auch von Speiseresten (machen viele Thai): *säi thúng* = im Beutel

18 B

Übungen

Wann haben sich unsere Freunde schon kontaktiert? Bitte ersetzen Sie die Zeitangaben.

1. Wann?

2/40

*Phùean rao dtìt-dtäw maa **mùea-dtawn-châo** lâeo.*

1. mùea dtawn-chào
2. mùea dtawn-bäai
3. mùea sïp naathii gkäwn
4. dooi thoorâsäp

Haben Sie auch schon von diesem Fest, diesem Hotel, diesem Tempel und dieser Stadt Buriram gehört? Na, dann setzen Sie einfach mal ein!

2. Schon gehört?

*Dtäe dàiyin rueang **ngaan-chäláwng** nìi lâeo.*

1. ngaan-chäláwng
2. roong-raehm nii
3. wât nii
4. Buriram

Ersetzen Sie einfach die Ortsangaben und schon ist diese Übung gemeistert.

3. Sehr froh

*Phóm/Dï-chán yindii màak thìi maa thúeng **thìi-nîi**.*

1. thìi-nîi
2. mueang thai
3. Gkrung-thèep
4. bpräthèet yoeraman
5. Phimai

1. *bpöeht* = offen
2. *bpït* = geschlossen
3. *yüt* = Halt, Stopp
4. *râwang* = Achtung, Vorsicht
5. *wàang* = frei, unbesetzt
6. *dtem* = voll, besetzt

4. Schilder

1. เปิด
2. ปิด
3. หยุด
4. ระวัง
5. ว่าง
6. เต็ม

Geisterhäuschen

Nein, bei den Minitempeln, die fast vor jedem Haus stehen, handelt es sich weder um Puppenstuben noch um Vogelhäuschen. In den *sáan-phrâ-phuum* (Geisterhäuschen) residiert der *phíi-bàan* (Schutzgeist des Hauses). Möglichst kein Schatten sollte auf das Häuschen fallen, was in der Großstadt oft schwierig ist. Auf dem Land ist das schon einfacher, dort nennt man die Schutzgeister für Wald und Feld *jào-thìi* (Besitzer/Geist des Ortes).

Wenn es dem Schutzgeist des Hauses schmeckt, dann geht es auch den Bewohnern gut. Deshalb opfert man ihm – je nach individueller Vorliebe des Geistes – die unterschiedlichsten Dinge. Achten Sie mal darauf, was so alles angeboten wird, einige Geister scheinen wahre Gourmets zu sein. Opfert man ihnen angemessen, erspart man sich Ärger, denn sonst würden sie glatt zu den Menschen ins Haus ziehen.

Zur Einweihung von Häusern und Gebäuden, wie auch der kleinen Geisterhäuschen, halten *phraam* (brahmanische, weiß gekleidete Priester) die *phithii-buang-suang* (Zeremonie zur Besänftigung und Verehrung der Geister) ab. Weil die Schutzgeister nicht in Bruchbuden leben sollten, wird ihnen immer mal wieder ein neues Häuschen spendiert. Meist erinnert man sich daran, wenn das eigene Haus renoviert wird. Zur Entsorgung alter oder defekter Geisterhäuschen dienen besondere „Friedhöfe", z. B. heilige Banyan-Bäume an Straßenrändern oder ruhige Ecken eines Tempelbezirks.

Glücksbringer
Lùuk-bprä-kham
(Amulett-Ketten) mit Perlen aus Holz, Knochen oder Elfenbein sind beliebt und sollen beschützen.

Bpäläd-khïk (Phallusfiguren) sollen männliche Kraft und Gesundheit bringen. Auf dem Lande tragen sie Jungen oft um das Handgelenk, bei Krankheit auch um den Bauch. Manche Frauen tragen sie im Geldbeutel.

Dtägkrüut
Kleine Zylinder aus Metall (auch Gold oder Silber), die heilige Schriften, Sprüche oder Symbole enthalten. Die *dtägkrüut* sollen ebenfalls beschützen.

säk-yan
Traditionelle *magische Tätowierungen* ritzen Mönchen oft auf Bauch oder Rücken: Figuren von Gottheiten, buddhistische Symbole oder religiöse Texte sollen Krankheiten, Verwundungen u.a. abwehren.

19

Auf dem Mekong

Crashkurs Laotisch
Thai und Laotisch sind eng verwandt. Der Dialekt im Isáan, dem Nordosten Thailands, ist mit dem Laotischen fast identisch. Dank Thai-TV verstehen die meisten Laoten in Grenznähe, also entlang des Mekong, Thai.

Unterschiede zwischen Thai und Laotisch
Sechs Töne: Der fallende Ton ist unterteilt in hoch und tief fallend (hier unterstrichen: z. B. *à* in *khàwi*).
Aus *r* wird *h*, *l* oder es entfällt ganz, aus *ch* wird *s*, aus *y* wird *ny*. Das *r* wurde erst von den Kommunisten abgeschafft – zur besseren Unterscheidung vom Thai.

Am Morgen nach dem Loy-Kratong-Fest verlässt Hilde Thailand für einen kurzen Abstecher nach Laos. In Nong Khai muss sie nur die Brücke über den Mekong benutzen, schon ist sie nach wenigen Kilometern in der laotischen Hauptstadt Vientiane. Von dort will sie weiter nach Luang Prabang, der ehemaligen Königsstadt. Beim Kauf der Busfahrkarte klappt die Verständigung nicht auf Anhieb, ein paar Mal muss sie nachfragen: *Gkârûnaa phùut sâm ïik-khrang* (Bitte wiederholen Sie noch einmal).
Hildes Reiseroute führt sie nach ein paar Tagen in Luang Prabang und einer Bootsfahrt auf dem Mekong zurück nach Thailand. In Chiang Mai möchte sie ihre Flugzeugbekanntschaft Khun Khris treffen. Ob der sich überhaupt noch erinnert?
Als Hilde sich meldet, weiß er aber sofort, wer da anruft: *Naan-lâeo mài dài phôp gkan. Bpen yäang-rai bàang?* (Lange haben wir uns nicht getroffen. Wie geht es so?) Natürlich gäbe es viel zu erzählen, aber Hilde hat es erwischt: *Wan-nîi mài khòi säbaai* (Heute nicht so gut). Besorgt fragt Khris: *Mii ärai gköet khùen?* (Was ist passiert?) Als Hilde die Symptome aufzählt, entscheidet Khun Khris sofort: *Jä rìak máw maa dtrüat khun* (Ich werde einen Arzt rufen, der Sie untersuchen kommt).

Baw bpen nyáng

2/42

ärai nâ?	wie bitte?
lâakhâa	Preis (Isaan-Dialekt/Laotisch)
sáo-phân	20.000 (Isaan-Dialekt/Laotisch)
gkìip	Kip (laotische Währung)
gkâlûnaa*	bitte (Isaan-Dialekt/Laotisch)
sâm	wiederholen
ïik-khrâng	noch einmal
laao	Laos, laotisch
rìak wàa	heißen, bedeuten
sámräp	für
chaao	Leute
yàak	schwierig
laa gkàwn	auf Wiedersehen (sagt, wer geht)

● Säbaai-dïi, kháw dtúa nüeng bai bpai Lúang Phabäng.	Guten Tag. Ich bitte um eine Karte nach Luang Prabang.
■ Khun yäak jä äwk mùea-däi?	Wann wollen Sie losfahren?
● Ärai nâ khâ?	Wie bitte?
■ Khun yäak jä äwk wan-nái?	An welchem Tag wollen Sie raus?
● Díao-nîi khào-jai lâeo. Yäak jä äwk phrùng-nîi dtawn-chào.	Jetzt verstehe ich schon. Möchte morgen Vormittag los.
■ Lâakhâa sáo-phân gkìip.	Der Preis (ist) 20.000 Kip.
● Gkârûnaa phùut sâm ïik-khrang.	Bitte wiederholen Sie noch einmal.
■ Raakhaa sáwng-müehn gkìip.	Der Preis (ist) 20.000 Kip.
● Phasáa laao yang mài khào-jai dii.	Die Lao-Sprache verstehe ich noch nicht gut.
■ Baw bpen nyáng.	Macht nichts.
● Nïi phasáa thai rìak wàa yäang-rai?	Wie heißt dies auf Thai?
■ Rìak wàa „mài bpen rai".	Bedeutet „macht nichts".
● Phasáa thai sámräp chaao laao yàak mái khâ?	Ist Thai für Laoten schwierig?
■ Mài yàak, ngâai láai, ngâai màak.	Nicht schwierig, sehr leicht.
● Laa gkàwn.	Auf Wiedersehen.

rìak wàa: wörtl. rufen, sagen 2/41

* Thai sprechen meist automatisch „r"

Hier die im Dialog verwendeten laotischen Wörter mit den Thai-Übersetzungen in Klammern:
säbaai-dïi (säwät-dii)
mùea-däi (mùea-räi)
lâakhâa (raakhaa)
sáo-phân (sáwng müehn)
baw (mài, mái)
nyáng (ärai)
láai (màak)
sòok dïi (chòok-dii)

Weitere nützliche Wörter:
khàwi (phóm/dï-chán)
jào (khun)
bpâak/wào (phùut)
phâasaa (phasáa)
näwi-nueng (nït-näwi)
jâk-môong (gkïi-moong)
sái (thìi-nái/nái)
thao-däi (thàoräi)
het (tham)
khàwp-jai (khàwp-jai/ khàwp-khun)
mùe-uehn (phrùng-nîi)
phìi (dtúa)
dtae (jäak)
lúe waa (rúeh)
si (jä)
ngâam (súai, ngaam)

Im Laotischen gibt es kein *khrâp/khà/khä.*

Mit dem erwähnten Dutzend wesentlicher Abweichungen des Laotischen vom Thai kommt man auf dem Land bereits gut zurecht. Im Wortschatz gibt jedoch deutliche Abweichungen. Auch die Satzmelodie ist anders, ähnlich wie in Nordost-Thailand (Isarn).

Übungen

Immer schön freundlich lächeln, dann stoßen Sie mit diesem Satz immer auf Verständnis. Setzen Sie einfach den jeweiligen Begriff ein.

1. Ich spreche nur ein wenig ...

2/43

Phóm/Dï-chán phùut phasáa ***laao*** *dài nît-näwi thàonân.*

1. laao
2. thai
3. yoeraman
4. anggkrït

Die Übung ist nicht schwer, etwas Aufmerksamkeit und Sinn für Logik sind dennoch gefragt.

2. Sie haben die Wahl

1.	Khun yàak jä äwk mùea-räi?	a ☐	Phrùng-nîi.
		b ☐	Mùea-waan-nîi.
2.	Rôt jä äwk gkïi-moong?	a ☐	Sáam chùa-moong bäai.
		b ☐	Sáam moong bäai.
3.	Nìi tham dùai ärai?	a ☐	Dùai ngoen.
		b ☐	Dùai nâm.
4.	Säthäanii yüu thìi-nái.	a ☐	Mài gklai màak.
		b ☐	Mài chài.

Eine kleine Übersetzungsübung, mit der Sie hoffentlich immer nach Hause kommen – vorausgesetzt, Ihre Reisekasse ist ausreichend gefüllt.

3. Teure Fahrkarte

1. Was kostet eine Fahrkarte nach Deutschland?
2. Mehr als 20.000 Baht.
3. Können Sie mit dem Preis etwas heruntergehen?
4. Leider geht es nicht.
5. Macht nichts.

Die meisten Wörter können Sie sicher mal gebrauchen, also gut zuhören.

4. Goldener Bauch

2/44

1. thawng = Gold
2. thàwng = auswendig lernen
3. thàwng-thìao = Tour(ismus)
4. thâwng = Magen, Bauch
5. thong(-chàat) = (National-)Flagge

Wan-nîi mài khòi säbaai

2/45

bàang	etwas, so
mài khòi	nicht besonders, nicht so ...
gköet khùen	passieren, geschehen
tháwng-doehn	Durchfall
khlùen-sài	Übelkeit
bpüat húa	Kopfschmerzen
khài	Fieber
rìak	rufen
máw	Arzt
dtrüat	untersuchen
háa	suchen, aufsuchen
phâk-phawn	ausruhen
khàe-níi nâ	auf Wiedersehen (am Telefon)

● Nìi Hilde phùut.	Hier spricht Hilde.
■ Naan-lâeo mài dài phôp gkan. Bpen yäang-rai bàang?	Schon lange haben wir uns nicht getroffen. Wie geht es so?
● Wan-nîi mài khòi säbaai.	Heute nicht so gut.
■ Mii ärai gköet khùen?	Was ist passiert?
● Mii tháwng-doehn, khlùen-sài, bpüat-húa, bpen khài dùai.	Habe Durchfall, Übelkeit, Kopfschmerzen, habe auch Fieber.
■ Jä rìak máw maa dtrüat khun.	Werde einen Arzt rufen, der Sie untersuchen kommt.
● Khawp-khun màak, khun Khris. Chùai hài máw maa thìi roong-raehm Chiang Mäi.	Vielen Dank, Herr Khris. Bitte veranlassen Sie den Arzt, zum Hotel Chiangmai zu kommen.
■ Phâk-phawn näwi gkäwn nâ?	Ruhen Sie sich erst einmal aus, nicht wahr?
● Khàe-nîi nâ.	Auf Wiedersehen.

tháwng-doehn = wörtl. Magen geht

bàang = so
Wenn keine genaue Angabe nötig ist:
Sûe ärai bàang? = Was hast du so (alles) gekauft?

Mii ärai gköet khùen? (haben-was-geschehen-aufsteigen = Was ist geschehen?)

Auf Wiedersehen
laa gkàwn = verlassen zuerst
Am Telefon:
(phaw) khàe-níi = (genug) bis hier, so weit
Am Telefon:
ròok = Krankheit
bpen khài/wät = Fieber/Erkältung haben
jëp = Schmerzen auf der Haut
bpüat = Schmerzen unter der Haut
äksëep = Entzündung
dtìt-chûea = infizieren
yaa = Medizin
yaa-thaa = Salbe-auftragen
yaa-mêt = Pille
yaa gkàe ... = Medizin gegen ...
châi yaa = Medizin einnehmen
withii-châi (Methode-benutzen = Gebrauchsanweisung)

Übungen

Bei dieser Übung brauchen Sie sich gar nicht schlecht fühlen. Setzen Sie einfach ein, wie es Ihnen geht.

1. Heute geht es mir nicht so gut

2/46

*Wan-nîi **mài khòi säbaai**.*

1. mài khòi säbaai
2. säbaai dii màak
3. mài säbaai loei
4. säbaai dii khùen
5. dii gkwäa mùea-waan-nîi

Welches Wort gehört in welche Lücke?

2. Lückenfüller

ärai – dài – maa – söng

1. Naan-naan mài ___ phôp gkan.
2. Mii ___ gköet khùen?
3. Jä rìak máw ___ dtrüat khun.
4. Chùai ___ máw maa thìi roong-raehm.

Was für Wehwehchen – ganz schön unangenehm! Da kann man nur wünschen, dass Sie diese Sätze nicht anwenden müssen ...

3. Gestern hatte ich ...

*Mùea-waan-nîi **tháwng-doehn**.*

1. tháwng-doehn
2. bpüat-húa
3. khlùen-sài
4. bpen khài
5. bpen wät

Übersetzen Sie diese Sätze, damit Ihnen nicht die Worte fehlen, sollte Ihnen doch einmal etwas fehlen.

4. Krank, oder?

1. Wie geht's dir so?
2. Heute geht es nicht so gut.
3. Was ist passiert?
4. Ich habe Fieber und bin erkältet.
5. Möchtest du, dass ich einen Arzt für dich rufe?
6. Muss nicht sein.

5. Boote

1. เรือ
2. เรือข้ามฟาก
3. เรือด่วน
4. เรือหางยาว

1. *ruea* = Boot, Schiff
2. *ruea-khàam-fàak* (Boot-überqueren-absetzen = Fähre)
3. *ruea-dùan* = Boot-Express
4. *ruea-háang-yaao* (Boot-Schwanz-lang = Langschwanzboot)

Karma

Nach buddhistischem Verständnis beginnt das Leben nicht erst mit der Geburt und endet auch nicht mit dem Tod. Jede Existenz ist Teil eines sich wiederholenden Kreislaufes (Sanskrit: *Samsara*), der geprägt ist von vergangenen und gegenwärtigen Handlungen (Karma, Thai: *gkam*) und erst mit dem Eintritt ins *nîp-phaan* (Nirwana) zur Ruhe kommt.

Menschliches Leid ist Ausdruck eines schlechten Karmas. So haben z. B. *phùu-sëep-dtït* (Drogenabhängige) und *phùu-bpen-ròok-ëed* (Personen mit Aids) ein negatives Karma und werden bisweilen sogar von der eigenen Familie verstoßen. Da schlechtes Karma oft in der Vergangenheit begründet liegt, stehen viele Buddhisten ihrem gegenwärtigen Schicksal gelassen gegenüber und investieren bestenfalls in ihre nächsten Reinkarnationen.

Das persönliche Karma-Konto kann man positiv beeinflussen, u. a. durch *tham bun* (Verdienst machen = Spenden), gute Taten, Meditation, Hilfsbereitschaft oder indem man *wât* (buddhistische Tempel) errichtet bzw. restauriert. Doch Vorsicht, schlechte Taten (*bäap*) belasten das Karma-Konto entsprechend negativ.

dtòn-phàa-bpäa (Baum-Kleidung-Wald = Spendenbäumchen), an denen Geldscheine, Zahnbürsten, Seifen, Obst u. Ä. hängen. Diese Sitte ist eine Abwandlung des alten Brauches, getragene Kleidung für Mönche an Bäumen aufzuhängen.

20

Ein Leben lang

Trekking in Thailand ist eine Angelegenheit von meist *3 days/2 nights*. Ein *rôt-bpìk-äp* (Pickup) bringt die Wanderer zum Ausgangspunkt der Tour und holt sie am Ende wieder ab.

Die Insel Kho Samet ist ein ausgesprochenes Wochenendziel und während der Woche viel ruhiger. Von Bangkok aus ist Kho Samet in wenigen Stunden mit Bus und Fähre erreichbar.

Am nächsten Tag erkundigt sich Khris nach ihrem Befinden: *Háai lâeo rúe yang?* (Beschwerden verschwunden oder noch nicht?)
Hilde ist schon wieder auf dem Damm, sie hatte nur etwas Falsches gegessen: *Háai lâeo, dii khùen màak* (Schon verschwunden, es geht mir viel besser). Damit steht einer dreitägigen Trekkingtour zu den Bergstämmen nichts mehr im Wege. Es ist *jät-gkaan thûk yäang lâeo* (schon alles organisiert).
Khris hat einen Führer bestellt: *Phùu-nam-thaang jä maa râp rao phrùng-nîi dtawn-châo* (Der Führer wird uns morgen Vormittag abholen kommen). Er befürchtet aber, dass Hilde verschläft: *Khun dtàwng-gkaan hàai phóm thoo bplük khun mái?* (Wollen Sie, dass ich Sie anrufe und aufwecke?) Nicht nötig, meint Hilde, auf die so manche Überraschung wartet: *Jä phâk nai bàan chaao-kháo* (Wir übernachten in den Häusern der Bergstämme), bereitet Khris Hilde vor, doch vom *làwng phae* (Floß fahren) und *khìi châang* (Elefant reiten) erzählt er ihr vorläufig noch nichts.
Hildes Reise war insgesamt ganz schön anstrengend, so freut sie sich auf einen ruhigen Ausklang. Sie fährt noch für ein paar Tage ans Meer auf die kleine Insel *Gkô' Samèet* (Kho Samet). Von dort ruft sie kurz vor ihrer Rückreise nach München ein letztes Mal bei Nithaya an. Die möchte wissen, wie Hilde Thailand gefallen hat. *Nàa-yüu màak, dtäläwt chiiwît* (sehr lebenswert, ein Leben lang), antwortet sie voller Begeisterung. Sie wird wiederkommen. Bis es soweit ist, wird Hilde ihr Fernweh beim Thailänder um die Ecke stillen, in Nithayas Münchener Restaurant.

Háai lâeo, dii khùen màak

20 A

2/47

háai	verlieren, verschwinden
phrâwm	bereit
doehn	gehen
müu-bàan	Dorf
chaao-kháo	Bergstamm
jät-gkaan	organisieren
phùu-nam-thaang	Führer (Person)
râp rao	abholen
fón	Regen
fón-dtök	regnen
khong(-jä)	wahrscheinlich
bplük	aufwecken

- ■ Háai lâeo rúe yang? — Ist (die Krankheit) verschwunden oder noch nicht?
- ● Háai lâeo, dii khùen màak. — Schon verschwunden, viel besser.
- ■ Phrâwm thìi jä bpai doehn müu-bàan chaao-kháo mài? — Sind Sie bereit, zu den Dörfern der Bergstämme zu gehen?
- ● Phrâwm lâeo khà. Khun Khris jät-gkaan thùk yäang lâeo rúe? — Schon bereit. Herr Khris, Sie haben schon alles organisiert, oder?
- ■ Phùu-nam-thaang jä maa râp rao phrùng-nîi dtawn-châo. — Der Führer wird uns morgen Vormittag abholen kommen.
- ● Khun khît wàa jä mii fón-dtök mái? — Denken Sie, dass es regnet?
- ■ Khong(-jä) mài mii fón-dtök. Khun dtàwng-gkaan hài phóm thoo bplük khun mái? — Wahrscheinlich wird es nicht regnen. Wollen Sie, dass ich Sie anrufe (und) aufwecke?
- ● Mài dtàwng. Rao ja phâk thìi-nái? — Muss nicht sein. Wo übernachten wir?
- ■ Jä phâk nai bàan chaao-kháo. — Wir übernachten in den Häusern der Bergstämme.

Erinnern Sie sich noch an Steigerungen mit Verb + *khùen*? (S. 47)

Körperteile
(die Ihnen noch unbekannt sind)
dtaa = Auge
húu = Ohr
fan = Zahn
láng = Rücken
húa-jai = Herz
kháa = Bein
thâo = Fuß

***aagkäat* = Wetter**
lom = Wind
ròm = Regenschirm
náao = kalt (fühlen)
fâa-làep fâa-râwng
(Blitz-Donner = Gewitter)
fâa = Himmel

Jahreszeiten
nàa náao
= November bis Februar
nàa-râwn
= März bis Juni
nàa-fón
= Juli bis Oktober

20 A

Übungen

Sind Sie bereit zu einer kleinen Schandtat? Setzen Sie in dieser leichten Übung einfach ein, wozu Sie bereit sind.
* Satz 5 ohne *bpai*!

1. Bist du bereit?

2/48

Phrâwm thìi jä bpai ***thaan-khàao*** *mái?*

1. thaan-khàao
2. thìao
3. sûe-kháwng
4. yìam phèuan
5. gkläp bàan*
6. khùen kháo

Finden Sie die richtigen Wörter für die Lücken? Sie wissen ja, wenn man nicht weiter weiß, hilft der Lösungsschlüssel.

2. Was passt wo?

háa – nai – râp – thûk

1. Phùu-nam-thaang jä maa _______ khun?
2. Khun khît wàa jä mii fón _______ wan mái?
3. Khun thoo _______ bplük chán dài mài?
4. Phâk _______ bàan chaao-kháo dài mái?

Haben Sie die Vokabeln gut gelernt und den letzten Dialog schon verinnerlicht? Dann klappt diese Übersetzung bestimmt wie am Schnürchen.

3. Ob das klappt?

1. Wie geht es dir heute so?
2. Viel besser.
3. Bist du bereit, morgen abzureisen?
4. Wer hat alles organisiert?
5. Ich bin mir nicht sicher.

Jedes Fragetöpfchen braucht sein Antwortdeckelchen.

4. Topf und Deckel

1. Háai lâeo rúe yang?
2. Khun jä phâk thìi-nái?
3. Khun jät-gkaan lâeo rúe?
4. Khun khît wàa jä râwn mái?
5. Phrâwm thìi bpai doehn rúe bpläo?

a ☐ Nai roong-raehm.
b ☐ Khrâp, jät-gkaan lâeo.
c ☐ Mài râwn thàoräi.
d ☐ Yang.
e ☐ Nàng rôt dii gkwäa.

Diese Begriffe kommen selten gemeinsam vor und können deshalb nicht so leicht verwechselt werden. Aber: Gutes Zuhören ist im Thai das A & O des Verstehens.

5. Meeresküste? Ja, richtig!

2/49

1. chaai-thâlee = Meeresküste
2. chài = ja, richtig
3. châi = benutzen
4. châi-jäai = ausgeben

Nàa-yüu màak, dtäläwt chiiwît

2/50

phàak	Region
iisáan	Nordosten (Thailands)
núea	Nord
Gkô' Sämèet	Koh Samet (Insel)
mài khoei	nie, niemals
thüuk khämooi	stehlen, bestohlen
dtamrüat	Polizei
mâ'ruen-nîi	übermorgen
Myunïk	München
nàa-yüu	lebenswert
dtäläwt	ganz
chiiwît	Leben

- ■ Khun Hilde bpai nài ïik? — Wohin bist du noch gefahren?
- ● Bpai phàak iisáan, mueang laao lae' phàak núea. — Ich war im Nordosten, in Laos und im Norden.
- ■ Díao-nîi thoo maa jäak thìi-nái? — Jetzt telefonierst du von woher?
- ● Jäak Gkô' Sämèet. — Von Koh Samet.
- ■ Khun mái khoei thüuk khämooi rúe? — Du wurdest nie bestohlen, oder?
- ● Chòok dii, mài khoei. — Zum Glück nie.
- ■ Mài khoei mii bpanháa gkäp dtamrüat rúe? — Hattest nie Probleme mit der Polizei, oder?
- ● Mài khoei khà. — Niemals.
- ■ Dii-jai thìi khun Hilde säbaai-dii màak. — Bin froh, dass es dir sehr gut geht, Hilde.
- ● Mâ'ruen-nîi chán dtàwng gkläp bpai Myunïk. — Übermorgen muss ich nach München zurück.
- ■ Mueang Thai bpen yäang-rai, yang chàwp mái khâ? — Wie ist Thailand, magst du es noch?
- ● Nàa-yüu màak, dtäläwt chiiwît. — Sehr lebenswert, ein ganzes Leben.

khämooi = stehlen

gkô' = Insel

nàa-yüu: Diese Konstruktion wurde schon auf S. 107 erklärt.

mài khoei = nie(mals)
Bitte nicht verwechseln mit:
mài khàwi = nicht so, nicht ganz

Stadt & Land
chaao-mueang = Stadtbewohner
chaao-bàan = Dorfbewohner
chonnâbôt = ländliche Gegend
bàan-nâwk (Dorf draußen = ländlich)
dtäang-jangwät = in der Provinz

thâlee = Meer
saai = Sand
khlùen = Wellen

Übungen

Ersetzen Sie bitte jeweils den Anfang und das Ende des Satzes.
Phuugkët = Phuket

1. Morgen geht es zurück

2/51

Phrùng-nîi *jä dtàwng gkläp bpai* ***âwsdtria****.*

1. phrùng-nîi – âwsdtria
2. wan-nîi – säwîtsoelaehn
3. mâ'ruen-nîi – bpräthèet yoeraman
4. dtawn-yen – Phuugkët
5. díao-nîi – roong-raehm

Wo steckt die richtige Antwort, bei a oder b? Das ist hier die eigentlich ganz leichte Frage.

2. a oder b?

1. Khun Anna thoo maa jäak nài khrâp?
   a ☐ Jäak Buriram khrâp.
   b ☐ Jäak Surin khà.
2. Phàak iisáan bpen yäang-rai?
   a ☐ Chàwp màak.
   b ☐ Chòok dii.
3. Bpai thìao maa ïik?
   a ☐ Maa jäak thâlee.
   b ☐ Bpai thâlee maa.
4. Khun thüuk khämooi mái?
   a ☐ Mài thüuk.
   b ☐ Mài thûk.

Sind Sie auch Schweizliebhaber?

3. Die schöne Schweiz

1. Wie ist die Schweiz?
2. Magst du sie noch?
3. Sicher, dieses Land ist sehr lebenswert.
4. Die Thai mögen auch die Schweiz.
5. Verstehe.

Fragen Sie nach den Urlaubsaktivitäten Ihrer Bekannten. Wer hatte das interessanteste Programm?

4. Was hast du außerdem getan?

Nàwk-jäak ***sûe-kháwng*** *tham ärai ïik?*

1. sûe-kháwng
2. thaan aháan
3. bpai thìao
4. bpai wìng maa
5. phôp phùean
6. nawn-läp

1. *Gkrung-thèep* = Bangkok
2. *Nakhawn-rachasimaa* = Nakhorn Ratchasima
3. *Náwng-khaai* = *Nong-khai*
4. *Chiang-mäi* = Chiang Mai
5. *Phuugkët* = Phuket
6. *Gkäw' samui* = Kho Samui

5. Ortsnamen

1. กรุงเทพฯ
2. นครราชสีมา
3. หนองคาย
4. เชียงใหม่
5. ภูเก็ต
6. เกาะสมุย

Ethnische Vielfalt

20

Nur knapp 80 % der Einwohner Thailands sind Thai. Die restlichen 20 % stellen Minderheiten. Neben den „richtigen" Thai gibt es die *Thai Yai*, die auch Shan genannt werden. Meist leben sie im Shan State der Union von Myanmar, dem früheren Burma. Entlang der Grenze in Nordwestthailand gibt es viele *Shan*-Siedlungen, weil dieser Teil Thailands länger unter burmesischer Herrschaft stand als der Rest des Landes.
Mit den Thai eng verwandt sind auch die Laoten. Ein Großteil der Laoten lebt in *Isáan* (Isarn), dem Nordosten Thailands. In den nordöstlichen Provinzen Buriram, Sisaket und Surin bilden die Khmer eine starke Bevölkerungsgruppe. In den südlichen an Malaysia angrenzenden Provinzen dominieren die Malaien, bei denen es sich um Muslime handelt und deren Sprache von den Thai *Jawi* genannt wird. Mit diesem Begriff ist aber eigentlich nur die arabische Schreibweise des Malaiischen gemeint.
Der islamische Fundamentalismus führt immer wieder zu Konflikten zwischen Buddhisten und Muslimen. Die fühlen sich von der Regierung vernachlässigt. Leidtragende sind vor allem Vertreter der staatlichen Autorität wie z. B. Beamte oder Lehrer als Vermittler der Thai-Sprache und -Kultur. Fast 10 % der Bevölkerung sind chinesischstämmig, doch hat sich diese Minderheit inzwischen stark mit den Thai vermischt. Die auffälligsten Minderheiten sind die Bergstämme im Norden und entlang der burmesischen Grenze. Die lange als rückständig geltenden Gebiete der Bergstämme verfügen heute über eine funktionierende Infrastruktur mit Straßen, Wasserleitungen und Telefon.

Bergstämme
Sie stammen zumeist aus Tibet und sind über Yünnan und Burma nach Thailand eingewandert, einige lebten jedoch schon vor den Thai in der Region. Die größte Gruppe bilden die Karen (ca. 300.000 Angehörige). Die wirtschaftlich erfolgreichsten sind die Meo bzw. Hmong (70.000) und Yao (35.000), gefolgt von den Lisu (20.000) und Lahu (40.000). Die Akha (30.000) gelten als die ärmsten. Landwirtschaftliche Produktion (Gemüse, Schnittblumen) hat heute den Mohnanbau abgelöst.

T

Test 5

Hier können Sie zwar nicht Millionär werden, dafür müssen Sie sich bei unserem Quiz auch nur zwischen drei Antworten entscheiden.

1. Welche Antwort stimmt?

1. Was bedeutet *Kháo Yäi*?
   a ☐ Reis der Großmutter
   b ☐ Große Berge
   c ☐ Ist die Großmutter weiß?

2. Die drei Kostbarkeiten des Buddhismus sind ...
   a ☐ rattana-drei
   b ☐ rattana-tri
   c ☐ rât-dtanâ-dtrai

3. Was sind *khrùeang-rang*?
   a ☐ Maschinen
   b ☐ Amulette
   c ☐ Gewürze

4. Wer residiert im Geisterhäuschen?
   a ☐ phíi-sùea
   b ☐ phìi-chai
   c ☐ phíi-bàan

5. Wie beeinflussen Buddhisten ihr Karma günstig? Durch ...
   a ☐ tham-bun
   b ☐ tham-ngaan
   c ☐ khàang-bon

6. Ein Bergstamm in Thailand heißt ...
   a ☐ Karin
   b ☐ Karen
   c ☐ Koran.

Scharf nachgedacht und gut aufgepasst, dann meistern Sie diese Übung mit links.

2. Fragen und Antworten

1. Yâwt kháo gklai mái?	a ☐ Mài râwn thàorài.
2. Khun fán rueang ärai?	b ☐ Yang mài ruu.
3. Khun jä phâk thìi-nái?	c ☐ Mài andtäraai thàorài.
4. Khun khît wàa jä râwn mái?	d ☐ Mài gklai loei, gklài!
5. Thanón nìi andtäraai mái?	e ☐ Wáang wàa jä háai lâeo.
6. Háai lâeo rúe yang?	f ☐ Mài ruu, jam mài dàai.

3. Was fehlt?

1. Phóm/Dĭ-chán nawn-läp säbaai ___ ngùang-nawn nît-nâwi.
   a ☐ lâeo
   b ☐ lâe'
   c ☐ dtäe

2. Thìi-ràek jä ___ bpai yàwt kháo lâe' chom vyuu.
   a ☐ khùen
   b ☐ khuehn
   c ☐ khon

3. Phùean rao dtït-dtäw maa ___-waan-nîi lâeo.
   a ☐ mâi
   b ☐ màe
   c ☐ mùea

4. Chùai phùut ___-thìi näwi.
   a ☐ äwk
   b ☐ ïik
   c ☐ bäwk

5. Naan-lâeo mài dài ___ gkan.
   a ☐ phóm
   b ☐ bpen
   c ☐ phôp

6. Khun dtàwng-gkaan thìi jä thoo ___ mái?
   a ☐ bplük
   b ☐ bpäa
   c ☐ bplăo

Ihnen fehlt hoffentlich gar nichts, auch nicht das Wissen um diese kleinen aber wichtigen Wörter. Sie sind wie das Salz in der Suppe, oder die Kokosmilch in der Thai-Sauce, oder die Töne im Thai ...
Kurz: Ohne geht es nicht!

4. Wie sagt man auf Thai?

1. Über was hast du geträumt?
2. Sie fahren gern schnell, nicht wahr?
3. Haben wir etwas Zeit zu baden?
4. Haben Sie dieses Fest schon gesehen?
5. Heute geht es mir nicht so gut.
6. Wie ist Thailand, magst du es?

Nun haben Sie es geschafft! Herzlichen Glückwunsch, wenn Sie bis hier durchgehalten haben.

L Lösungsschlüssel

1 A Übungen

1. Bitte nachsprechen **1.** Ich heiße Hilde. **2.** Ich heiße Doris. **3.** Ich heiße Tanja. **4.** Ich heiße Khris. **5.** Ich heiße Michael. **6.** Ich heiße Hans.
2. Ich heiße ... **1.** Dĭ-chán chùe Anna khà. **2.** Phóm chùe Helmut khrâp. **3.** Dĭ-chán chùe Lena khà. **4.** Phóm chùe Matthias khrâp.
3. Welche Antwort passt? **1.** -d, **2.** -e, **3.** -a, **4.** -c, **5.** -b

1 B Übungen

1. Bitte nachsprechen **1.** Was sind Sie für ein Mensch (w)? Ich bin Thailänder. **2.** Was sind Sie für ein Mensch (m)? Ich bin Österreicherin. **3.** Was sind Sie für ein Mensch (w)? Ich bin Schweizer. **4.** Was sind Sie für ein Mensch (m)? Ich bin Deutsche.
2. Lückenfüller **1.** Khun phùut thai khrâp. **2.** Khun phùut thai gkëng khà. **3.** Khun phùut ärai khrâp? **4.** Khun Hilde phùut thai gkëng khrâp. **5.** Dĭ-chán phùut thai mài gkëng khà.
3. Die richtige Reihenfolge bitte 5. – 3. – 4. – 1. – 2.

2 A Übungen

1. Ich möchte mich vorstellen **1.** Kháw nâe'-nam dtua-eeng, phóm chùe Likit khrâp. **2.** Kháw nâe'-nam dtua-eeng, dĭ-chán chùe Céline khà. **3.** Kháw nâe'-nam dtua-eeng, phóm chùe Manith khrâp. **4.** Kháw nâe'-nam dtua-eeng, dĭ-chán chùe Sonia khà.
2. Woher kommen Sie? **1.** Phóm/Dĭ-chán maa jäak bpräthèet âwsdtria khrâp/khà. **2.** Phóm/Dĭ-chán maa jäak bpräthèet säwîtsoelaehn khrâp/khà. **3.** Phóm/Dĭ-chán maa jäak bpräthèet yoeraman khrâp/khà. **4.** Phóm/Dĭ-chán maa jäak bpräthèet thai khrâp/khà.
3. Bitte auf Thai **1.** Kháw nâe-nam dtua-eeng, dĭ-chán chùe Nana khà. **2.** Khun maa jäak nái khrâp? **3.** Dĭ-chán maa jäak bpräthèet âwsdtria khà. **4.** Khun phùut thai khrâp? **5.** Dĭ-chán phùut thai yang mài dàai khà. **6.** Mueang thai yindii dtäwn-râp khrâp.
4. Welche Antwort passt? **1.** -b, **2.** -c, **3.** -a

2 B Übungen

1. Graf Zahl **1.** sïp-sïi **2.** sïp-hök **3.** sïp-jët **4.** sïp-bpäeht **5.** sïp-gkào **6.** yìi-sïp-sáwng
2. Wie alt sind Sie? **1.** Khun Ilse aayû yìi-sïp-hök bpii. **2.** Khun Charly aayû bpäeht-sïp-jët bpii. **3.** Khun Amnuay aayû hök-sïp-ët bpii. **4.** Khun Michelle aayû sïp-bpäeht bpii. **5.** Khun Toni aayû sïi-sïp-sáwng bpii. **6.** Khun Sobha aayû hàa-sïp-gkào bpii.
3. Wer bin ich? **1.** Dĭ-chán/Phóm chùe ... **2.** Dĭ-chán/Phóm bpen khon âwsdtria/säwîtsoelaehn/yoeraman. **3.** Dĭ-chán/Phóm maa jäak ... **4.** Dĭ-chán/Phóm phùut phasáa âwsdtria/säwîtsoelaehn/yoeraman. **5.** Dĭ-chán/Phóm yang mài phùut phasáa thai.
4. Bitte Fragen stellen **1.** Khun maa jäak nái? **2.** Khun phùut thai dàai rúe? **3.** Khun aayûu thàorâi?

3 A Übungen

1. Hunderter **1.** (nüeng) râwi-hàa-sïp **2.** sáwng-râwi-yìi-sïp-sáam **3.** sïi-râwi-sáam-sïp-hök **4.** (nüeng) râwi-gkào-sïp-jët **5.** sáam-râwi-sïi-sïp-bpäeht **6.** jët-râwi-hàa-sïp-êt
2. Bleibe richtig lange **1.** Jä phâk sïi-râwi-yìi-sïp-bpäeht khuehn. **2.** Jä phâk hàa-râwi-gkào khuehn. **3.** Jä phâk bpäeht-râwi-hàa-sïp-hök khuehn. **4.** Jä phâk gkào-râwi-yîi-sïp-ët khuehn.

3. Kopfrechnen: gut **1.** jët-râwi **2.** bpäeht-râwi **3.** gkào-râwi-hàa-sïp
4. Welche Antwort passt? **1.** -b, **2.** -a

3 B Übungen

1. Bitte nachsprechen **1.** Ihr Pass **2.** Ihr Vor- und Zuname **3.** mein Vorname (m) **4.** meine Stadt (w) **5.** Ihr Zimmerschlüssel
2. mein, dein ... **1.** bpräthèet kháwng khun **2.** hàwng kháwng phóm **3.** gkunjae kháwng khun **4.** ngaan kháwng khun **5.** nàngsúe-doehn-thaang kháwng khun **6.** dtiang kháwng phóm
3. Auf Thai bitte **1.** Khun aayûu thàoräi khà/khrâp? **2.** Dï-chán/Phóm aayûu ... bpii. **3.** Khun tham ngaan ärai? **4.** Dï-chán/Phóm tham ngaan bawrîsät. **5.** Khun dtäeng-ngaan lâeo rúe yang? **6.** Dtäeng-ngaan lâeo.
4. Die richtige Reihenfolge bitte 4. – 2. – 3. – 1.

4 A Übungen

1. Bitte nachsprechen **1.** súun-nüeng-gkào-jët-sáam-hàa-sïi-bpäeht **2.** bpäeht-hàa-sïi-sáwng-jët-hök-nüeng **3.** sáwng-sïi-sïi-hàa-sáam-jët-bpäeht **4.** sáwng-jët-nüeng-sáwng-nüeng-sáwng-gkào **5.** súun-hàa-sáam-sáwng-sïi-hàa-bpäeht-bpäeht-bpäeht **6.** súun-sïi-hàa- jët-gkào-gkào-sáam-súun-nüeng
2. Was gehört zusammen? **1.** -d, **2.** -e, **3.** -f, **4.** -a, **5.** -b, **6.** -c
3. Welches Verb passt wohl? **1.** -c, **2.** -d, **3.** -e, **4.** -a, **5.** -b

4 B Übungen

1. Wann bist Du angekommen? **1.** Khun maa thúeng mueang thai mùea-räi? **2.** Khun maa thúeng sanáam-bin Dawn Mueang mùea-räi? **3.** Khun maa thúeng Sûkhûmvït mùea-räi? **4.** Khun maa thúeng roong-raehm Ambassadoe mùea-räi? **5.** Khun maa thúeng hàwng kháwng khun mùea-räi?
2. Füllen Sie die Lücken **1.** khrai **2.** nìi **3.** mâi **4.** säbaai-dii – lâ' **5.** jä maa **6.** mùea-räi
3. Auf Thai bitte **1.** Haloo Khun Nôk, säbaai-dii mâi khrâp? **2.** Säbaai-dii màak, khäwp-khun khà, lâe' khun lâ'? **3.** Phóm gkaw säbaai-dii. **4.** Khun jä maa yìam chân mùea-räi khâ? Yang mài wàang khrâp. **4. Die richtigen Fragewörter** **1.** -d, **2.** -c, **3.** -e, **4.** -a, **5.** -b

T 1 Test

1. Welche Antwort stimmt? **1.** -c, **2.** -c, **3.** -b, **4.** -b, **5.** -b, **6.** -b
2. Fragen und Antworten **1.** -d, **2.** -e, **3.** -f, **4.** -a, **5.** -b, **6.** -c
3. Was fehlt? **1.** -b, **2.** -a, **3.** -c, **4.** -b, **5.** -a, **6.** -c
4. Wie sagt man auf Thai? **1.** Säwät-dii. **2.** Phóm/Dï-chán chùe ... **3.** Phóm/Dï-chán maa jàak bpräthèet ... **4.** Yindii dtäwn-râp. **5.** Phóm/Dï-chán mài phúut thai. **6.** Khàwp-khun.

5 A Übungen

1. Welcher Tag ist morgen? **1.** Wan-nîi wan-phût, phrùng-nîi wan-phârûehät. **2.** Wan-nîi wan-jan, phrùng-nîi wan-angkaan. **3.** Wan-nîi wan-phârûehät, phrùng-nîi wan-sük. **4.** Wan-nîi wan-sáo, phrùng-nîi wan-athît.
3. Komm morgen um ... **1.** Maa phrùng nîi dtii sïi. **2.** Maa phrùng-nîi sáam moong châo. **3.** Maa phrùng-nîi thìang-wan. **4.** Maa phrùng-nîi sáam moong bäai. **5.** Maa phrùng-nîi hök moong yen. **6.** Maa phrùng-nîi sïi thùm. **7.** Maa phrùng-nîi thìang-khuehn.
4. Heute, morgen, gestern **1.** Wan-nîi wan-angkaan. **2.** Phrùng-nîi wan-phût. **3.** Wan-nîi wan-sük. **4.** Phrùng-nîi wan-sáo.

5 B Übungen

1. Morgen fahre ich nach ... **1.** Phrùng-nîi jä bpäi dtäläat Jädtüjäk. **2.** Phrùng-nîi jä bpäi Gkrung-thèep. **3.** Phrùng-nîi jä bpäi roong-raehm Miami. **4.** Phrùng-nîi jä bpäi bprâthèet âwsdtria. **5.** Phrùng-nîi jä bpäi sanáam-bin. **6.** Phrùng-nîi jä bpäi säthäanii Máw Chît.

2. Welches Fragewort passt? **1.** -b, **2.** -c, **3.** -a, **4.** -e, **5.** -d

3. Was, wann, wie? **1.** Khun maa thúeng thìi-nîi mùea-räi. **2.** Phóm jä bpai Gkrung-thèep yäang-rai? **3.** Phrùng-nîi jä bpai dtäläat Jädtüjäk. **4.** Bpai mueang thai thàorä̈i? **5.** Khun jä bpai Gkrung-thèep mùea-räi?

4. Die richtige Reihenfolge bitte **1.** Khun jä bpai bprâthèet yoeraman mùea-räi? **2.** Wan-nîi phóm jä bpai säthäanii Máw Chît. **3.** Bpai dtäläat Jädtüjäk yäang-rai?

6 A Übungen

1. Zungengymnastik **1.** Haben Sie eine 5-Baht-Münze? **2.** Habe ich nicht, ich habe nur eine 10-Baht-Münze. **3.** Haben Sie eine 100-Baht-Note? **4.** Ich habe zwei 100-Baht-Noten und vier 20-Baht-Noten.

2. Ich habe drei 5-Baht-Münzen **1.** Phóm/Dï-chán mii rían hàa-bäat säam rían. **2.** Phóm/Dï-chán mii rían sïp bäat hàa rían. **3.** Phóm/Dï-chán mii bâeng râwi bäat hök bai. **4.** Phóm/dïchán mii bâeng yîi-sïp bäat sïi bai. **5.** Phóm/Dï-chán mii bâeng hàa-râwi bäat säwng bai. **6.** Phóm/Dï-chán mii bâeng nüeng-phan bäat nüeng bai lae' bâeng hàa-sïp bäat jët bai.

3. Bitte auf Thai **1.** Khun ruu wàa bpai Gkrung-thèep thàoräi? **2.** Dï-chán mài ruu wàa bpai yäang-rai. **3.** Khun ruu wàa bpai yäang-rai dii mái? **4.** Phóm mài ruu wàa rôt-fai-fâa maa rúe yang. **5.** Khun ruu rúe bpläo wàa rôt-fai-fâa maa wan-nîi? **6.** Khun mài ruu wàa Khun Hans jä thúeng-maa phrùng-nîi?

4. Wie teuer ist es nach ...? **1.** Bpai Gkrung-thèep thàoräi? **2.** Bpai bprâthèet yoeraman thàoräi? **3.** Bpai bprâthèet thai thàoräi? **4.** Bpai dtäläat Jädtüjäk thàoräi?

6 B Übungen

1. Wie viel kostet ...? **1.** Was kostet dies? **2.** Die (kostet) 400 Baht. **3.** Dieses Hemd kostet wie viel? **4.** Dieses Hemd kostet 600 Baht. **5.** Ich werde zwei Stück kaufen.

2. Was gehört wohin? **1.** Sùea-yùeht dtua-la thàoräi? **2.** Hàwng khuehn-lâ' thàoräi? **3.** Dtiang yäi hàwng-lâ' thàoräi? **4.** Thoorâsäp-mue-thúe wan-lâ' thàoräi?

3. T-Shirts **1.** An-nîi thàoräi khrâp? **2.** Sùea-yùeht dtua-nîi thàoräi khâ? **3.** Sùea-yùeht säam dtua thàoräi khrâp? **4.** Jä sûe säam dtua thàa khun kháai säam-râwi-hàa-sïp bäat khà. **5.** Dtua-lâ' säwng-râwi bäat phaehng màak. **6.** Lôt raakhaa näwi dài mäi khâ?

4. Großeinkauf **1.** Jä sûe dtiang säwng dtiang thàa khun lôt raakhaa. **2.** Jä sûe rían hök bai rían thàa khun lôt raakhaa. **3.** Jä sûe sùea sïi dtua thàa khun lôt raakhaa. **4.** Jä sûe thoorâsäp-mue-thúe säam an thàa khun lôt raakhaa.

7 A Übungen

1. Nachsprechen und verstehen **1.** Heute ist besser als morgen. **2.** Das blaue Hemd ist teurer als das orangefarbene. **3.** Herr Somporn ist dicker geworden. **4.** Frau Wilai ist dünner geworden. **5.** Ich mag Blau am liebsten. **6.** Diese Shorts sind am teuersten.

2. Steigerung **1.** dii – dii gkwäa – dii thìi-süt **2.** phaehng – phaehng gkwäa – phaehng thìi-süt **3.** thüuk – thüuk gkwäa – thüuk thìi-süt **4.** yäi – yäi gkwäa – yäi thìi-süt **5.** gkëng – gkëng gkwäa – gkëng thìi-süt

3. Größer, besser, billiger ... **1.** Kháw sùea-yùeht thüuk gkwäa nìi. **2.** Kháw sùea-yùeht yäi gkwäa nìi. **3.** Kháw sùea-yùeht mài phaehng gkwäa nìi. **4.** Kháw sùea-yùeht dii gkwäa nìi. **5.** Kháw sùea-yùeht sädüak gkwäa nìi.

7 B Übungen

1. Bitte nachsprechen **1.** Wie viel kostet es zum Chatuchak-Markt? **2.** Nur 70 Baht. **3.** Können Sie (mit dem Preis) etwas heruntergehen? **4.** Kann ich nicht, viel Stau. **5.** 50 Baht, mehr (zahle ich) nicht.
2. Zu viel ist zu viel! **1.** An-nîi màak bpai (zu viel). **2.** An-nîi ngàai bpai (zu leicht). **3.** An-nîi phaehng bpai (zu teuer). **4.** An-nîi thüuk bpai (zu billig). **5.** An-nîi yäi bpai (zu groß).
3. Zu teuer **1.** Bpai Night Market yäang-rai dii? **2.** Nàng rôt-thâeksìi dii gkwäa. **3.** Bpai Night Market thàoräi? **4.** Râwi yìi-sìp bäat thàonân. **5.** Phaehng bpai bpäeht-sìp dài mâi? **6.** Gkào-sìp bäat gkaw lâeo gkan.

8 A Übungen

1. Verabredung **1.** Wer sind Sie? **2.** Ich bin Stefan, komme aus Deutschland. **3.** Ich habe eine Verabredung mit Frau Somnueck. **4.** Ist sie schon nach Hause zurückgekehrt? **5.** Ich bin nicht sicher, werde nachsehen, ob sie im Haus ist oder nicht. **6.** Ich denke, dass Frau Somnueck schon wartet.
2. Satzsalat **1.a.** Phóm mài khît wàa Khun Puanglek yüu nai bàan. (Ich glaube nicht, dass Frau Puanglek im Haus ist.) **1.b.** Phóm khît wàa Khun Puanglek mài yüu nai bàan. (Ich glaube, dass Frau Puanglek nicht im Haus ist.) **2.** Dì-chân mii nât gkäp Khun Nithaya. **3.** Mài nàe-jai wàa Khun Melanie gkläp maa lâeo rúe yang.
3. Lückenfüller **1.** Jä bpai duu wàa Khun Nithaya yüu rúe bpläo. **2.** Phóm mii nât gkäp Khun Môt. **3.** Dì-chân khît wàa Khun Lêk yang mài gkläp bàan.

8 B Übungen

1. Bitte nachsprechen **1.** Wie heißen Sie? **2.** Ich heiße Matthias. **3.** Wo haben Sie sich getroffen? **4.** Ich habe Wipa in Berlin getroffen. **5.** Ist Wipa schon zurückgekehrt? **6.** Ich glaube noch (nicht).
2. Bitte füllen Sie die Lücken **1.** Choehn khùen bàan gkäwn. **2.** Phóm híu-khàao lâeo. **3.** Choehn nàng dtaam säbaai gkäwn. **4.** Gkin-khàao lâeo rúe yang. **5.** Dì-chân yang mài dài phôp khun.
3. Auf Thai **1.** Khun Lena bpen yäang-rai khrâp? **2.** Khäwp-khun khà, dì-chân säbaai-dii màak. **3.** Naan-naan mài dài phôp gkan. **4.** Jing-jing khà. **5.** Gkin khàao lâeo rúe yang khrâp? **6.** Yang khà, híu khàao lâeo.

T 2 Test

1. Welche Antwort stimmt? **1.** -c, **2.** -b, **3.** -b, **4.** -c, **5.** -b
2. Fragen und Antworten **1.** -c, **2.** -e, **3.** -d, **4.** -a, **5.** -f, **6.** -b
3. Was fehlt? **1.** -b, **2.** -a, **3.** -b, **4.** -c, **5.** -a, **6.** -c
4. Wie sagt man auf Thai? **1.** Gkïi-moong lâeo? **2.** Khun tham-ngaan ärai? **3.** Khun bpen yangngai? **4.** An-nîi thàoräi? **5.** Phaehng bpai. **6.** Lôt näwi dài mâi?

9 A Übungen

1. Durst? **1.** Bist du schon hungrig, oder noch nicht? **2.** (Ich) bin sehr hungrig. **3.** Was wirst du essen? **4.** Ich weiß noch nicht genau, ich denke Thai-Küche. **5.** Du magst Thai-Essen, oder? **6.** Sehr, Thai-Essen ist wirklich lecker.
2. Es muss nicht so ... sein **1.** Mài dtàwng phaehng thàoräi. **2.** Mài dtàwng ngàai thàoräi. **3.** Mài dtàwng thüuk thàoräi. **4.** Mài dtàwng yäi thàoräi.

3. Bitte auf Thai **1.** Phrùng-nîi mài dtàwng bpai Gkrung-thèep. **2.** Wan-nîi Wipa dtàwng mài gkin, mài säbaai. **3.** Khun mài dtàwng maa dtäläat Jädtüjäk.
4. Welche Antwort passt? **1.** -c, **2.** -e, **3.** -b, **4.** -a, **5.** -d

9 B Übungen

1. Bitte nachsprechen **1.** (Ich) brauche noch kein deutsches Essen. **2.** Thai-Küche essen ist besser. **3.** Weshalb denkst du, dass Thai-Küche besser ist? **4.** (Ich) denke, dass sie besser schmeckt. **5.** Wirklich? **6.** Aber jeden Tag muss (ich) auch nicht Thai-Küche essen.
2. Ein bisschen **1.** -d, **2.** -c, **3.** -b, **4.** -a
3. Wörterpuzzle **1.** Khun thaan ïik nît-näwi wái nâ khrâp. **2.** Gkin phaw lâeo, nît-diao! **3.** Khun ruu wàa an-nìi chùe ärai khâ. **4.** Kháw-thòot phóm ïm lâeo jing-jing.
4. Keine Ausreden **1.** Aháan nîi bpen yäang-rai? **2.** Äräwi màak. **3.** Choehn thaan yaw´-yoé´. **4.** Mài wái, dtäe jä lawng chim duu ïik. **5.** Khun dtàwng máo. **6.** Ïm lâeo.

10 A Übungen

1. Was haben Sie gemacht? **1.** Khun bpai thìao thìi-nái? **2.** Bpai sûe-kháwng thìi-nái? **3.** Khun bpai yìam khrai? **4.** Khun bpai kháai ärai?
2. Einkaufen gehen ist interessanter **1.** Bpai sûe-kháwng ngàai gkwäa. **2.** Bpai sûe-kháwng phaehng gkwäa. **3.** Bpai sûe-kháwng säbaai gkwäa. **4.** Bpai sûe-kháwng sänük gkwäa. **5.** Bpai sûe-kháwng mài thüuk gkwäa.
3. Ja, nein, nicht wahr? **1.** Chài, jä bpai sûe-kháwng/Mài chài, mài bpai sûe-kháwng. **2.** Chài, jä bpai thìao/Mài chài, mài bpai thìao. **3.** Chài jä bpai yìam Khun Nimith/Mài chài, mài bpai yìam Khun Nimith. **4.** Chài, jä kháai-kháwng/Mài chài, mài kháai-kháwng.
4. Bitte auf Thai **1.** Bpai sûe-kháwng lâeo rúe yang? **2.** Yang mài dài mii oogkäat. **3.** Thammai? **4.** Bpai thìao gkäwn maa. **5.** Sänük mái? **6.** Sänük màak.

10 B Übungen

1. Nicht gern einkaufen? **1.** Khun mài chàwp bpai sûe-kháwng rúe? **2.** Khun mài chàwp bpai gkin-khàao rúe? **3.** Khun mài chàwp bpai phôp khun Puanglek rúe? **4.** Khun mài chàwp bpai thaan aháan rúe? **5.** Khun mài chàwp bpai duu wât rúe?
2. Was schlagen Sie vor? **1.** Khun nâe'-nam bpai thìao thìi-nái dii? **2.** Khun nâe'-nam bpai sûe-kháwng thìi-nái dii? **3.** Khun nâe'-nam bpai phâk thìi-nái dii? **4.** Khun nâe'-nam bpai raw thìi-nái dii?
3. Es gibt viele Orte ... **1.** Mii láai-thìi chèn Wât Arun dtawn-châo gkäwn sáam moong. **2.** Mii láai-thìi chèn Wât-Phrâ-Gkaeo dtawn-châo gkäwn sïi moong. **3.** Mii láai-thìi chèn Grand Palace dtawn-châo gkäwn hàa moong châo. **4.** Mii láai-thìi chèn súan Jädtüjäk dtawn-châo gkäwn moong châo.
4. Besichtigung **1.** Bpai thìao thìi-nái dii? **2.** Khun nâe-nam ärai? **3.** Mii láai-thìi. **4.** Nàa-són-jai. **5.** Khun khuan jä bpai duu Wât Arun. **6.** Lâeo-gkàw?

11 A Übungen

1. Nur 500 Baht für drei Stunden **1.** Sáam chùa-moong hàa-râwi bäat thàonân. **2.** Sáam chùa-moong sïi-râwi bäat thàonân. **3.** Sáam chùa-moong hök-râwi bäat thàonân. **4.** Sáam chùa-moong jët-râwi bäat thàonân. **5.** Sáam chùa-moong jët-râwi bäat thàonân.
2. Wohin fahren wir zunächst? **1.** -b, **2.** -b, **3.** -a, **4.** -b
3. Tuk-Tuk-Fahrt **1.** Bpai nái gkäwn? **2.** Lâeo jä bäwk. Bpai dtrong gkäwn. **3.** Lâeo-gkàw? **4.** Bpäak sawi lîao sâai. **5.** Oogkee. **6.** Sïi-yàek dtäw-bpai lîao khwáa.
4. Topf und Deckel **1.** -e, **2.** -a, **3.** -c, **4.** -b, **5.** -d

11 B Übungen

1. Wohin geht's? **1.** Mái dtàwng bpai Súan Lum thûk wan. **2.** Mái dtàwng bpai sûe-kháwng thûk wan. **3.** Mái dtàwng bpai thaan aháan thûk wan. **4.** Mái dtàwng bpai säthäanii Máw Chît thûk wan. **5.** Mái dtàwng bpai dtäläat thûk wan.

2. Was machst du? **1.** Jä bpai gkin-khàao nai Súan Navy. **2.** Jä bpai thìao nai Súan Navy. **3.** Jä bpai chim aháan thai nai Súan Navy. **4.** Jä bpai phôp khun Wilai nai Súan Navy.

3. Verbote **1.** Yäa bpai sûe-kháwng! **2.** Yäa bpai tham-ngaan! **3.** Yäa bpai gin-khàao! **4.** Yäa bpai säthäanii rôt-fai! **5.** Yäa bpai doehn thìao!

12 A Übungen

1. Was wollen Sie tun? **1.** Khun jä bpai nái? **2.** Khun jä sûe ärai? **3.** Khun jä ao ärai? **4.** Khun jä bpöeht mùea-räi? **5.** Khun jä chim ärai?

2. Warum nicht? **1.** Dï-chán äan meenuu mài äwk. **2.** Dï-chán äan meenuu mài dàai. **3.** Dï-chán äan meenuu mài dàai. **4.** Dï-chán äan meenuu mài wái.

3. Auf Thai bitte **1.** Phóm/Dï-chán kháw duu meenuu gkäwn. **2.** Phóm/Dï-chán kháw meenuu phasáa anggkrït. **3.** Wan-nîi mii ärai? **4.** Phóm/Dï-chán jä sang khàao-ràat-gkaeng- nûea. **5.** Phóm/Dï-chán yäak lawng chim duu khàao-ràat-gkaeng. **6.** Phóm/Dï-chán ïm lâeo gkin mài wái lâeo.

4. Was gehört zusammen? **1.** -e, **2.** -d, **3.** -b, **4.** -c, **5.** -a

12 B Übungen

1. Um diese Zeit noch nicht **1**. Weelaa nìi yang mài yäak bpai thìao. **2.** Weelaa nìi yang mài yäak phùut thai. **3.** Weelaa nìi yang mài yäak sûe-kháwng. **4.** Weelaa nìi yang mài yäak sang khrùeang-düehm. **5.** Weelaa nìi yang mài yäak bpöeht raan. **6.** Weelaa nìi yang mài yäak thaan aháan phët.

2. Was empfehlen Sie? **1.** Khun nâe'-nam bplaa ärai? **2.** Khun nâe'-nam khàao ärai? **3.** Khun nâe'-nam khrùeang-düehm ärai? **4.** Khun nâe'-nam chaa ärai? **5.** Khun nâe'-nam gkaeng ärai?

3. Auf Thai bitte **1.** Wan-nîi khun nâe-nam gkäp-khàao ärai khrâp? **2.** Khàao-ràat-gkaeng-nûea äräwi khà. **3.** Phóm jä lawng chim duu khrâp. **4.** Nìi khá! **5.** Khît dtang khà!

4. Wiedervereinigung **1.** -d, **2.** -e, **3.** -a, **4.** -c, **5.** -b

T 3 Test

1. Welche Antwort stimmt? **1.** -b, **2.** -c, **3.** -c, **4.** -a, **5.** -c, **6.** -a

2. Fragen und Antworten **1.** -c, **2.** -f, **3.** -a, **4.** -b, **5.** -d, **6.** -e

3. Was fehlt? **1.** -b, **2.** -a, **3.** -c, **4.** -b, **5.** -c, **6.** -c

4. Wie sagt man das auf Thai? **1.** Khun híu-nâm mâi? **2.** Phóm/Dï-chán gkin phët mài dài. **3.** Kháw-thòot phóm/dï-chán ïm lâeo **4.** Phóm/Dï-chán yang mài dài bpai thìao. **5.** Yäa bpai dtrong, lîao sâai! **6.** Mii meenuu phasáa anggkrït mái khâ?

13 A Übungen

1. Bitten um oder mögen **1.** Kháw sang khrùeang-düehm. **2.** Kháw äan meenuu. **3.** Kháw ao aháan nìi. **4.** Kháw bpai ráan-phlawi.

2. Was brauchen Sie? **1.** -b, **2.** -a, **3.** -b

3. Um wie viel Uhr reisen Sie ab? **1.** -c, **2.** -d, **3.** -b, **4.** -e, **5.** -a

13 B Übungen

1. Ist dieses Zimmer frei? **1.** Hàwng nìi wàang mái khrâp? **2.** Boe nìi wàang mái khrâp? **3.** Dtiang nìi wàang mái khrâp? **4.** Gkunjae nìi wàang mái khrâp? **5.** Khrùeang nìi wàang mái khrâp?
2. Kuddelmuddel **1.** Dtàwng-gkaan thìi-nàng sáam thìi. **2.** Mii thìi wàang mái? **3.** Dtiang làng möt lâeo. **4.** Mii dtäe dtiang bon.
3. Topf und Deckel **1.** -c, **2.** -e, **3.** -b, **4.** -a, **5.** -d

14 A Übungen

1. Vom Hotel aus **1.** Jäak roong-raehm bpai sûe-kháwng thìi nái dii? **2.** Jäak roong-raehm bpai doehn-thìao thìi nái dii? **3.** Jäak roong-raehm bpai thìao thìi nái dii? **4.** Jäak roong-raehm bpai duu khon thìi nái dii? **5.** Jäak roong-raehm bpai gkin-khàao thìi nái dii? **6.** Jäak roong-raehm bpai jawng dtúa thìi nái dii?
2. Herr Suban **1.** Dtúa-nîi thüuk jawng dooi khun Suban. **2.** Aháan-nîi thüuk tham dooi khun Suban. **3.** Sùea-yùeht thüuk sûe dooi khun Suban. **4.** Rôt-thâeksìi thüuk kháai dooi khun Suban.
3. Es geht auch ohne Taxi **1.** Jäak roong-raehm bpai sûe-kháwng dài thìi-nái dii? **2.** Nàng rôt-thâeksìi bpai Woel Treed Sendtoe (World Trade Center) dii gkwäa. **3.** Dtäe yäak bpai sûe-kháwng dooi dtrong jäak roong-raehm. **4.** Mài sädüak màak. **5.** Bpai dài yäang-rai? **6.** Khàam säphaan-lawi gkäwn lâe' lîao sâai.
4. Pärchenbildung **1.** -b, **2.** -d, **3.** -a, **4.** -c, **5.** -e

14 B Übungen

1. Geradeaus **1.** Dtrong bpai thúeng roong-yaa-süup. **2.** Dtrong bpai thúeng dtäläat.
3. Dtrong bpai thúeng râan-kháai-phlawi. **4.** Dtrong bpai thúeng roong-raehm Thai.
5. Dtrong bpai thúeng sätháanii rôt-fai-fâa. **6.** Dtrong bpai thúeng säthåanii.
2. Welcher Sport ist das? **1.** Basketball, **2.** Badminton, **3.** Tischtennis (Ping-Pong),
4. Snooker (Billard), **5.** Tennis, **6.** Volleyball
3. Antworten auf Fragen **1.** -d, **2.** -a, **3.** -e, **4.** -b, **5.** -c

15 A Übungen

1. Ich brauche ... **1.** Phóm/Dï-chán dtàwng-gkaan hàwng dtiang-yäi. **2.** Phóm/Dï-chán dtàwng-gkaan hàwng dtiang-khùu. **3.** Phóm/Dï-chán dtàwng-gkaan hàwng sámräp phâk sáwng khon (Zimmer für Übernachtung von zwei Personen). **4.** Phóm/Dï-chán dtàwng-gkaan hàwng mii hàwng-nâm. **5.** Phóm/Dï-chán dtàwng-gkaan hàwng mii ae.
2. Was gehört zusammen? **1.** -b, **2.** -a, **3.** -b
3. Zimmerwünsche **1.** Phóm/Dï-chán dtàwng-gkaan hàwng sáwng dtiang khrâp/khà.
2. Kháw-thòot hàwng sáwng dtiang möt lâeo. **3.** Yang mii nüeng hàwng dtiang yäi khà.
4. Kháw duu hàwng gkäwn dài mài khrâp/khâ? **5.** Nàe-nawn dài khà.
4. Antwort gesucht **1.** -e, **2.** -d, **3.** -b, **4.** -a, **5.** -c

15 B Übungen

1. Ich dachte, dass ... **1.** Khît wáa mài dang thàoräi. **2.** Khît wáa mài yäi thàoräi. **3.** Khît wáa mài râwn thàoräi. **4.** Khît wáa mài thüuk thàorài. **5.** Khît wáa mài sámkhan thàorài. **6.** Khît wáa mài sädüak thàorài.
2. Ich möchte ... sehen, ... **1.** Kháw duu hàwng üehn thìi ngìap gkwäa hàwng nîi. **2.** Kháw duu súan üehn thìi yäi gkwäa súan nîi. **3.** Kháw duu raan-aháan üehn thìi dii gkwäa raan-aháan nîi.
4. Kháw duu roong-raehm üehn thìi sä'äat gkwäa roong-raehm nîi.
3. Auf Thai bitte **1.** Phüeng maa duu hàwng. **2.** Phóm/Dï-chán khît wäa síang-dang bpai.
3. Khun yäak duu hàwng ùehn mài? **4.** Chài khrâp/khà. Dtäe dtàwng mii ae. **5.** Mài mii bpanháa.

16 A Übungen

1. Bitte machen Sie es sich bequem! **1.** Choehn nàng dtaam säbaai. **2.** Choehn maa yìam phóm dtaam säbaai. **3.** Choehn khào maa hàwng phóm dtaam säbaai. **4.** Choehn khùen bàan dtaam säbaai. **5.** Choehn nàng rùam dtô' dtaam säbaai. **6.** Choehn maa thìao bàan dï-chán dtaam säbaai.
2. Auf Thai bitte **1.** Kháw-thòot khrâp/khà dtô' nìi wàang mài khrâp/khâ? **2.** Choehn nàng rùam dtô' phóm/dï-chán khrâp/khà. **3.** Kháw nâe'-nam dtua-eeng, phóm/dï-chán chùe ... khrâp/khà. **4.** Khun maa thùeng mueang thai mùea-räi khrâp/khâ? **5.** Khun mii achìip ärai khrâp/khâ? (Es geht auch: Khun tham ngaan ärai?) **6.** Phóm/Dï-chán bpen nâk-khían lae' khun lâ'.
3. Fragen über Fragen **1.** -a, **2.** -b, **3.** -d, **4.** -e, **5.** -c

16 B Übungen

1. Wie oft muss ich umsteigen? **1.** Phóm dtàwng bplïan rôt khrâng-diao. **2.** Dï-chán mài dtàwng bplïan rôt loei. **3.** Phóm khît wàa khun dtàwng bplïan rôt láai-khrâng. **4.** Dï-chán dtàwng bplïan rôt sáwng khrâng thàonân.
2. Interessen **1.** Khun són-jai bpäa rúe? **2.** Khun són-jai mueang thai rúe? **3.** Khun són-jai khon âwsdtria rúe? **4.** Khun són-jai Khun Hilde rúe? **5.** Khun són-jai hàwng nìi rúe? **6.** Khun són-jai bpräasäat-hín khäméen rúe?
3. Auf Thai bitte **1.** Phóm/Dï-chán dtàwng bplïan rôt gkïi-khrâng? **2.** Khrâng diao. **3.** Wáng wàa jä dtàwng bplïan rôt khrâng diao thàonân. **4.** Bpai Buriram châi-weelaa gkïi-chùa-moong. **5.** Mài nàe-jai, khît wàa jä châi weelaa mài gkoehn sáwng chùa-moong.
4. Schau genau! **1.** -d, **2.** -a, **3.** -e, **4.** -b, **5.** -c

T 4 Test

1. Welche Antwort stimmt? **1.** -c, **2.** -b, **3.** -c, **4.** -b, **5.** -a, **6.** -c
2. Fragen und Antworten **1.** -f, **2.** -e, **3.** -a, **4.** -b, **5.** -c, **6.** -d
3. Was fehlt? **1.** -b, **2.** -a, **3.** -b, **4.** -c, **5.** -b, **6.** -c
4. Wie sagt man auf Thai? **1.** Bpai Surin châi-weelaa thàoräi? **2.** Mii thìi-nàng wàang mái? **3.** Chùai athîbaai hài dï-chán/phóm näwi! **4.** Khun lèn gkiilaa rúe bpläo? **5.** Phóm/Dï-chán dtàwng-gkaan hàwng dtiang-dïao. **6.** Phóm/Dï-chán nàng rùam dtô' khun dài mài khrâp/ khâ?

17 A Übungen

1. Gut geschlafen **1.** Fán jam mài dàai, nawn-läp säbaai. **2.** Fán jam mài dàai, nawn-läp naan-naan. **3.** Fán jam mài dàai, nawn-läp châ-châa. **4.** Fán jam mài dàai, nawn-läp reo-reo. **5.** Fán jam mài dàai, nawn-läp dii jing-jing. **6.** Fán jam mài dàai, nawn-läp phaw lâeo.
2. Macht nichts! **1.** Mài bpen rai, gkin nai rôt gkaw dài. **2.** Mài bpen rai, äab-nâm nai rôt gkaw dài. **3.** Mài bpen rai, lawng chim duu nai rôt gkaw dài. **4.** Mài bpen rai, chom vyuu nai rôt gkaw dài. **5.** Mài bpen rai, fán nai rôt gkaw dài. **6.** Mài bpen rai, dtuehn nai rôt gkaw dài.
3. Wie im Traum **1.** Khun nawn-läp yäang-rai? **2.** Khun fán rueang ärai? **3.** Khun jam fán dài mái? **4.** Khun yang ngùang-nawn mái? **5.** Khun jä läp nai rôt ïik nît-näwi mái?
4. Fragen und Antworten **1.** -b, **2.** -d, **3.** -a, **4.** -c

17 B Übungen

1. Wenn wir uns nicht beeilen ... **1.** Thàa mài rìip gkaw mài thúeng wan-nîi. **2.** Thàa mài rìip gkaw mài thúeng phrùng-nîi. **3.** Thàa mài rìip gkaw mài thúeng dtawn-thìang. **4.** Thàa mài rìip gkaw mài thúeng aathît nàa. **5.** Thàa mài rìip gkaw mài thúeng nai reo-reo-nîi.
2. Zuerst werden wir ... **1.** Thìi-ràek jä khùen bpai yàwt kháo. **2.** Thìi-ràek jä long ruea bpai Äyûthaya. **3.** Thìi-ràek jä khùen rôt bpai Gkrung-thèep. **4.** Thìi-ràek jä bpai râan-aháan gkin khäao.

3. Fahren und laufen **1.** Thammai khun khäp reo yäang-nân? **2.** Thàa rao mài rìip mài thúeng sïp-sáam naaligkaa. **3.** Chòok-dii thanón dii màak. **4.** Phóm/Chán yäak jä doehn bpai nâm-dtök. **5.** Rao jä thúeng yàwt kháo mùea-räi?
4. Vereinigung **1.** -c, **2.** -d, **3.** -e, **4.** -a, **5.** -b

18 A Übungen

1. Sie liebt ... **1.** Kháo râk sïngwàetlâwm màak. **2.** Kháo râk khon thai màak. **3.** Kháo râk phùu-chaai khon-nïi màak. **4.** Kháo râk aháan yoeraman màak. **5.** Kháo râk dëk màak.
2. Ja, aber ... **1.** Gkaw chàwp thammachàat múean-gkan, dtäe mài chàwp doehn. **2.** Gkaw chàwp thammachàat múean-gkan, dtäe mài chàwp dtuehn reo. **3.** Gkaw chàwp thammachàat múean-gkan, dtäe mài chàwp wàai-nâm. **4.** Gkaw chàwp thammachàat múean-gkan, dtäe mài chàwp bpäa. **5.** Gkaw chàwp thammachàat múean-gkan, dtäe mài chàwp nâm-dtök.
3. Der liebe Ehemann **1.** Sáamii thoe râk ärai? **2.** Kháo râk thammachàat màak. **3.** Kháo duu-lae sïngwàetlâwm rúe bpläo? **4.** Wáang wàa jä duu-lae. **5.** Khun mài nàe-jai mái? **6.** Khà.
4. Wortsalat **1.** Sáamii dï-chán mài chàwp doehn gklai. **2.** Dï-chán wáng wàa jä mii weelaa äab-nâm nît-näwi. **3.** Phóm jä söng khun bpai säthäanii rôt-fai-fâa.

18 B Übungen

1. Wann? **1.** Phùean rao dtït-dtäw maa mùea-dtawn-chào lâeo. **2.** Phùean rao dtït-dtäw maa mùea dtawn-bäai lâeo. **3.** Phùean rao dtït-dtäw maa mùea sïp naathii gkäwn lâeo.
4. Phùean rao dtït-dtäw maa dooi thoorâsäp lâeo.
2. Schon gehört? **1.** Dtäe dàiyin rueang ngaan-chäláwng nìi lâeo. **2.** Dtäe dàiyin rueang roong-raehm nìi lâeo. **3.** Dtäe dàiyin rueang wât nìi lâeo. **4.** Dtäe dàiyin rueang Buriram nìi lâeo.
3. Sehr froh **1.** Phóm/Dï-chán yindii màak thìi maa thúeng thìi-nïi. **2.** Phóm/Dï-chán yindii màak thìi maa thúeng mueang thai. **3.** Phóm/Dï-chán yindii màak thìi maa thúeng Gkrung-thèep.
4. Phóm/Dï-chán yindii màak thìi maa thúeng bpräthèet yoeraman.
5. Phóm/Dï-chán yindii màak thìi maa thúeng Phiimai.

19 A Übungen

1. Ich spreche nur ein wenig ... **1.** Phóm/Dï-chán phùut phasáa laao dài nît-näwi thàonân.
2. Phóm/Dï-chán phùut phasáa thai dài nît-näwi thàonân. **3.** Phóm/Dï-chán phùut phasáa yoeraman dài nît-näwi thàonân. **4.** Phóm/Dï-chán phùut phasáa anggkrït dài nît-näwi thàonân.
2. Sie haben die Wahl **1.** -a, **2.** -b, **3.** -a, **4.** -a
3. Teure Fahrkarte **1.** Dtúa bpai bpräthèet yoeraman thàoräi? **2.** Sáwng muehn bäat gkwäa.
3. Lôt raakhaa nît-näwi dài mái? **4.** Kháw-thòot, mài dài. **5.** Mài bpen rai.

19 B Übungen

1. Heute geht es mir nicht so gut **1.** Wan-nïi mài khöi säbaai. **2.** Wan-nïi säbaai dii màak.
3. Wan-nïi mài säbaai loei. **4.** Wan-nïi säbaai dii khùen. **5.** Wan-nïi dii gkwäa mùea-waan-nïi.
2. Lückenfüller **1.** dài, **2.** ärai, **3.** maa, **4.** rìak
3. Gestern hatte ich ... **1.** Mùea-waan-nïi tháwng-doehn. **2.** Mùea-waan-nïi bpüat-húa.
3. Mùea-waan-nïi khlùen-sài. **4.** Mùea-waan-nïi bpen khài. **5.** Mùea-waan-nïi bpen wät.
4. Krank, oder? **1.** Khun bpen yäang-rai bàang? **2.** Wan-nïi phóm/dï-chán mài khoi säbaai.
3. Mii ärai gköet khùen? **4.** Phóm/Dï-chán bpen khài-wät. **5.** Khun yäak thìi phóm/dï-chán jä rìak máw hài khun mài? **6.** Mài dtàwng.

20 A Übungen

1. Bist du bereit? **1.** Phrâwm thìi jä bpai thaan-khàao mái? **2.** Phrâwm thìi jä bpai thìao mái? **3.** Phrâwm thìi jä bpai sûe-kháwng mái? **4.** Phrâwm thìi jä bpai yìam phèuan mái? **5.** Phrâwm thìi jä bpai gkläp bàan mái? **6.** Phrâwm thìi jä bpai khùen kháo mái?

2. Was passt wo? **1.** râp **2.** thûk **3.** háa **4.** nai

3. Ob das klappt? **1.** Wan-nîi khun bpen yäang-rai bàang? **2.** Dii khùen màak. **3.** Khun phrâwm thìi jä äwk doehn-thaang phrùng-nîi? **4.** Khrai jät-gkaan thûk yäang? **5.** Mài nàe-jai.

4. Topf und Deckel **1.** -d, **2.** -a, **3.** -b, **4.** -c, **5.** -e

20 B Übungen

1. Morgen geht es zurück **1.** Phrùng-nîi jä dtàwng gkläp bpai âwsdtria. **2.** Wan-nîi jä dtàwng gkläp bpai säwîtsoelaehn. **3.** Mâ'ruen-nîi jä dtàwng gkläp bpai bpräthèet yoeraman. **4.** Dtawn-yen jä dtàwng gkläp bpai Phuugkët. **5.** Díao-nîi jä dtàwng gkläp bpai roong-raehm.

2. a oder b? **1.** -b, **2.** -a, **3.** -b, **4.** -a

3. Die schöne Schweiz **1.** Säwîtsoelaehn bpen yäang-rai? **2.** Yang chàwp mái? **3.** Nàe-nawn bpräthèet nìi nàa-yüu màak. **4.** Khon thai gkaw chàwp säwîtsoelaehn múean-gkan. **5.** Khào-jai.

4. Was hast du außerdem getan? **1.** Nàwk-jäak sûe-kháwng tham ärai ïik? **2.** Nàwk-jäak thaan aháan tham ärai ïik? **3.** Nàwk-jäak bpai thìao tham ärai ïik? **4.** Nàwk-jäak bpai wìng maa tham ärai ïik? **5.** Nàwk-jäak phôp phùean tham ärai ïik? **6.** Nàwk-jäak nawn-läp tham ärai ïik?

T 5 Test

1. Welche Antwort stimmt? **1.** -b, **2.** -c, **3.** -b, **4.** -c, **5.** -a, **6.** -b

2. Fragen und Antworten **1.** -d, **2.** -f, **3.** -b, **4.** -a, **5.** -c, **6.** -e

3. Was fehlt? **1.** -c, **2.** -b, **3.** -c, **4.** -b, **5.** -c, **6.** -a

4. Wie sagt man auf Thai? **1.** Khun fán rueang ärai? **2.** Khun chàwp khäp reo, chài mái? **3.** Rao mii weelaa äab-nâm nît-näwi mái? **4.** Khun hén ngaan-chäláwng nìi lâeo rúe yang? **5.** Wan-nîi phóm/dï-chán mài khoi säbaai. **6.** Bpräthèet thai bpen yäang-rai, yang chàwp mái?

K Kurzgrammatik

Thai gehört zur Sprachfamilie der Tai-Kadai-Sprachen und zeichnet sich – wie Chinesisch oder Vietnamesisch – durch unveränderbare einsilbige Wörter und Töne aus. Die Thai-Schrift leitet sich aus dem indischen Sanskrit bzw. Devanagari ab, wurde von den Khmer übernommen und unter König Ramkhamheng im 13. Jahrhundert an die Thai-Sprache angepasst. Sie besteht aus 44 Mitlauten (Konsonanten) und 32 Selbstlauten (Vokale) bzw. Selbstlaut-Kombinationen, von denen aber nur noch 28 gebräuchlich sind. Auch von den Mitlauten werden heute zwei nicht mehr verwendet. Insgesamt besteht die Thai-Schrift also aus 70 Zeichen, wobei die Zeichen für Wiederholungen, Abkürzungen u. Ä. nicht mitgezählt sind. Hinzu kommen zehn Zahlensymbole. Die Mitlaute werden in drei Gruppen (hoch, mittel, tief) eingeteilt, die für die korrekte Aussprache der Töne von Bedeutung sind. Die Schrift entspricht den Lauten. Wer sie lesen kann, spricht die Wörter und die Töne korrekt aus. Es gibt weder Groß- noch Kleinschreibung noch Satzzeichen. Sätze oder Satzteile werden nur durch eine Lücke getrennt.

Wie in anderen asiatischen Sprachen gibt es auch im Thai mehrere **Sprachebenen**:
- Gegenüber **Mönchen** werden besondere Höflichkeitspartikeln und Wörter verwendet, die meist aus dem Pali stammen und im buddhistischen Zusammenhang stehen.
- Dasselbe gilt für die Hofsprache (**ràchasäp**), die viele Wörter aus der Khmer-Hofsprache und dem Pali verwendet.
- Die Amtssprache (**phasáa ràchagkaan**) wird in den Nachrichten und in amtlichen Verlautbarungen verwendet.
- Die offizielle Schriftsprache (**phasáa khian=** Sprache-schreiben) verwendet Höflichkeitspartikeln und formellere Begriffe als
- Die Umgangssprache (**phasáa phùut**), die ohne Höflichkeitspartikeln in der Familie und unter engen Freunden gesprochen wird.

Auf die männlichen und weiblichen Höflichkeitspartikeln haben wir bereits hingewiesen, auch auf die Dialekte des **kham mueang** im Norden, **phasáa isáan** im Nordosten und **phasáa phàak-dtai** im Süden, die von der Standdardsprache im Zentrum abweichen.

Phonetik Aussprache

Wir ersparen Ihnen das Erlernen der Schrift, indem wir eine Umschrift gewählt haben, die für den deutschen Leser möglichst nah an der Aussprache des Thai ist. Unsere Umschrift orientiert sich an der deutschen bzw. englischen Lesart von Mit- und Selbstlauten. Es gibt für Thai – anders als z. B. im Chinesischen oder Japanischen – zwar eine offizielle Umschrift, die aber leider unbrauchbar, weil zu ungenau und zudem unlogisch ist. So benutzt jedes Lehrbuch seine eigene Umschrift. **Achtung: ä**, **ö** und **ü** markieren tiefe Töne, die Umlaute sind als **ae**, **oe** und **ue** geschrieben; beachten Sie auch, dass **aw** das lange, offene **O** darstellt, Vorsicht also bei Wörtern wie **näwi** (= etwas, gesprochen wie „n**ö**i"), **râwi** (= 100, gesprochen wie „r**ô**i"). Widerstehen Sie auch der Versuchung, **ph** als **f** zu lesen.

Vokale *Selbstlaute*

a	kurz wie K**a**mm	*fan* – Zahn
aa	lang wie F**ah**ne	*bàan* – Haus
ae'	kurz wie k**ä**mmen	*lâe'* – und
ae	lang, in offener Silbe	*dtäe* – nur, aber
aeh	lang wie B**ä**r	*phaehng* – teuer
e	kurz wie b**e**zahlen	*phĕt* – scharf (gewürzt)
ee	lang wie S**ee**	*phleeng* – Lied
i	kurz wie m**i**t	*im* – satt
ii	lang wie M**ie**te	*mii* – haben, besitzen
o	kurz wie S**o**nne	*khon* – Mensch
oo	lang wie B**oo**t	*roong* – Gebäude (groß)
oe'	kurz wie W**ö**rter	*yoe´* – viel (*oe* wird hinten im Mund gesprochen)
oe	lang, in offener Silbe	*boe* – Nummer (Telefon)
oeh	lang wie m**ö**gen	*doehn* – zu Fuß gehen
aw	lang wie **O**rden	*bäwk* – sagen
u	kurz wie **u**m	*khun* – du, Sie, ihr
uu	lang wie K**uh**	*phùut* – sprechen
ue	kurz wie T**ü**cke	*nüeng* – eins (*ue* wird hinten im Mundraum gesprochen)
ue	lang, in offener Silbe	*mue* – Hand
ueh	lang wie Gl**üh**wein	*khuehn* – Nacht

ai	*mài* – nicht	ooi	*dooi* – durch
aai	*säbaai* – angenehm	awi	*näwi* – wenig
ao	*lao* – Schnaps	oei	*noei* – Butter
aao	*khàao* – Reis	ua	*dtua* – Körper
am	*tham* – machen	uai	*buai* – krank
eo	*reo* – schnell	ui	*khui* – sich unterhalten
eeo	*leeo* – schlecht	uea	*muea* – wenn, als
aeo	*tháeo* – Reihe, Gegend	ueai	*nùeai* – müde
ia	*bia* – Bier		
iao	*thìao* – Vergnügen		
iu	*híu* – hungrig		

Konsonanten *Mitlaute*

b	wie in **B**oot	*bin* – Rechnung
bp	unbehauchtes p	*bplaa* – Fisch
ch	wie in ein**ch**ecken	*chaa* – Tee
d	wie in **D**iva	*dii* – gut
dt	unbehauchtes t	*dtäläat* – Markt
f	wie in **F**ang	*fang* – zuhören
gk	unbehauchtes k	*gkäi* – Huhn
h	wie in **H**afen	*háa* – suchen
j	wie in **J**et	*jët* – sieben
kh	wie in **K**ahn	*khàa* – Gebühr, Preis
l	wie in **L**ied	*long* – ab-/aussteigen
m	wie in mir	*màe* – Mutter
n	wie in **n**eu	*nàa* – Gesicht, Vorderseite

ng	immer nasal wie Ju**ng**e	***ng**uu* – Schlange
ph	behauchtes p wie **P**ate	***ph**an* – tausend
r	gerolltes r	***r**âk* – lieben
s	wie **S**epp	***s**áam* – drei
th	behauchtes t wie **T**at	***th**àm* – Höhle
w	wie engl. w in **w**ater	***w**an* – Tag
y	wie in **Y**oga	***y**àak* – schwierig

Töne

Thai gehört wie das Chinesische zu den isolierenden, einsilbigen, tonalen Sprachen, in denen jede Silbe eine Bedeutung hat und unveränderlich ist. Gleich geschriebene Silben erhalten durch Töne unterschiedliche Bedeutungen. Es gibt fünf Töne: mittel (***a*** – kein Tonzeichen), tief (***ä***), fallend (***à***), hoch (***â***), steigend (***á***). Die Töne sind nicht absolut, sondern relativ zum Sprecher. Ausgangslage ist der mittlere Ton, also die normale Stimmlage des Sprechers. Der tiefe Ton wird gleichmäßig tiefer als der mittlere gesprochen, der fallende Ton steigt oberhalb der Tonlage des mittleren leicht an und fällt dann deutlich ab. Der hohe Ton wird gleichmäßig höher als der mittlere gesprochen, der steigende fällt am unteren Ende leicht ab und steigt dann deutlich an. Eine Silbe hat einen Ton, mehrsilbige Wörter können unterschiedliche Töne haben.

Betonung

Mehrsilbige Wörter werden in der Regel auf der letzten Silbe betont.

Silben

Im Thai enden Silben auf einem Selbstlaut, auf den stimmhaften Mitlauten *m, n, ng, w* oder einem stimmlosen Mitlaut *k, p, t*. Aus z. B. dem Englischen übernommene Wörter, so genannte *thâp-säp*, passen sich dieser Regel an, aus Golf wird *gkâwp*, aus Tennis *thennît*.

Syntax Satzstruktur

Wie im Deutschen: Satzthema (Subjekt) – Prädikat (Verb) – Satzgegenstand (Objekt), Zeit-, Ortsangaben, Ergänzungen. Fragen haben die gleiche Struktur. Zeitbestimmungen stehen oft am Anfang: *Phóm phùut thai* (Ich spreche Thai).

Beispiel für einen langen Satz mit Zeitbestimmung + Ergänzung, Substantiv + Ergänzung, Verb + Ergänzung, Verbergänzung, Ortsbestimmung + Ergänzung:

Mùea-waan-nîi dtawn-châo nguu síi-khíao gkät máa dtua lêk dtaai nai súan kháwng rao.

Gestern morgens Schlange grün beißen Hund Körper klein tot in Garten von wir.

Gestern Morgen biss eine grüne Schlange einen/den kleinen Hund in unserem Garten tot.

Substantive Hauptwörter

Es gibt kein Geschlecht, keine Artikel, keine Fälle, keine Mehrzahl, mit Ausnahme von **Wortverdoppelungen** für nicht näher bezeichnete Gruppen: *dëk* (Kind) – *dëk-dëk* (Kinder), *yàat* (Verwandte/-r) – *yàt-yàat* (irgendwelche Verwandte). Die erste Silbe wird bei Verdoppelungen oft verkürzt gesprochen.

Die **Mehrzahl** wird durch Mengenbegriffe und Zahlen im Zusammenhang mit Klassifikatoren (s. u.) ausgedrückt. Das Geschlecht wird durch das Anhängsel für *-yíng* (bei Verwandschaftsbezeichnungen: *sáao* – weiblich) und *-chaai* (männlich) ausgedrückt: *dëk-yíng* (Kind-weiblich = Mädchen), *dëk-chaai* (Kind-männlich = Junge).

Zusammengesetzte Hauptwörter werden umgekehrt zum Deutschen gebildet: *bàan pháw-màe* (Haus-Vater-Mutter = Haus-Eltern = Elternhaus), sie können auch wie die besitzanzeigenden Fürwörter mittels *kháwng* (von) gebildet werden: *bàan kháwng pháw-màe* (Haus von Eltern = Elternhaus).

Kategoriewörter:

Charakteristisch für Thai sind Kategoriewörter (nicht zu verwechseln mit Klassifizierungswörtern – K-Wörtern – siehe Seite 154), mit deren Hilfe zahlreiche Wortfelder gebildet werden:
jai (Herz, Gefühl): *jai-dii* (Herz-gut = freundlich), *dii-jai* (gut-Herz = froh).
roong (großes Gebäude): *roong-phayaabaan* (Krankenhaus), *roong-raehm* (Hotel), *roong-rian* (Schule)
khrùeang (Maschine, Gerät): *khrùeang-yon* (Motor), *khrùeang-bin* (Flugzeug)
rôt (Fahrzeug): *rôt-yon* (Auto), *rôt-fai* (Eisenbahn), *rôt-phayaabaan* (Krankenwagen)

Adjektive Eigenschaftswörter

Eigenschaftswörter stehen immer hinter dem Hauptwort, das sie beschreiben:
bàan yäi (Haus groß = großes Haus oder: (das) Haus (ist) groß)
khon dii (Mensch gut = guter Mensch oder: der Mensch ist gut)

Aus Eigenschaftswörtern lassen sich mit *khwaam* (Tatsache) und aus Tätigkeitswörtern mit *gkaan* (Angelegenheit) Hauptwörter bilden:

yindii (froh)	*khwaam-yindii* (Freude)
sük (glücklich)	*khwaam-sük* (Glück)
riian (lernen)	*gkaan-rian* (das Lernen)

Verneinung

Die Verneinung wird durch *mài* (nicht) ausgedrückt: *khon mài dii* (Mensch nicht gut = ein schlechter Mensch). Eigenschaftswörter mit negativem Inhalt werden oft vermieden, statt schlecht sagt man lieber: nicht ... Dieselbe Konstruktion gilt auch für Tätigkeitswörter:
phóm maa (ich komme), *phóm mài maa* (ich nicht komme = ich komme nicht).
Die verneinte Vergangenheit wird durch *mài dài* + Tätigkeitswort ausgedrückt: *phóm mài dài maa* (ich nicht gelangen kommen = ich kam nicht).

Adverbien

Adverbien stehen fast immer am Satzende: *Wilai wìng (yäang) reo màak* (Wilai rennt (Art und Weise) schnell sehr = *Wilai* läuft sehr schnell). Vor das Adverb kann *yäang* (Art und Weise) gesetzt werden
Folgende Umstandswörter stehen vor dem Tätigkeitswort: *khoei* (je, jemals), *mài khoei* (nie, niemals), *äat-jä* (vielleicht), *khong-jä* (wahrscheinlich), *mài khòi-jä* (selten), *mâk-jä* (gewöhnlich), *yang* (noch).

Steigerung

Die erste Steigerungsstufe (Komparativ) wird durch *gkwäa* gebildet, das hinter dem Eigenschaftswort steht: *dii* (gut), *dii gkwäa* (gut mehr = besser); *reo* (schnell), *reo gkwäa* (schnell mehr = schneller). Für zunehmende Vorgänge verwendet man *khûen* (aufsteigen, zunehmen), für abnehmende Vorgänge *long* (absteigen, verringern): *ùan khûen* (dick zunehmen = dicker werden), *pháwm long* (dünn abnehmen = dünner werden).
Die zweite Steigerungsstufe (Superlativ) wird durch Anhängen von *thìi-süt* gebildet: *dii-thìi-süt* (gut am meisten = am besten), *reo thìi-süt* (schnell am meisten = am schnellsten).

Vergleiche
Vergleiche werden durch Wörter wie *diao-gkan, diao-gkäp, thào-gkäp, múean-gkan* (ähnlich/gleich wie) gebildet: *Môt súung thào-gkäp Múu* (Môt-hoch-gleich-wie-Múu = Mot ist so groß wie Muu).

Personalpronomen Persönliche Fürwörter

Im Thai werden persönliche Fürwörter weggelassen, wenn der Zusammenhang klar ist; statt Personalpronomen werden eher Titel, Verwandtschaftsbezeichnungen und Namen verwendet. Außerdem richtet sich die Wahl des persönlichen Fürwortes nach der sozialen Stellung des Gegenüber, zollt man ihm Respekt benutzt man andere Wörter als unter Gleichgestellten. Für Ausländer genügt meist die mittlere Höflichkeitsebene:
phóm = ich (männlich), unter Freunden *chân*,
dï-chán = ich (weiblich), zwanglos: *chân*
khun = du, Sie, ihr; unter Frauen zwanglos *thoe*, gegenüber Ranghöheren *thàn*
kháo = er, sie (Einzahl, Mehrzahl)
rao, phùak-rao = wir

Possessivpronomen Besitzanzeigende Fürwörter

Sie werden durch *kháwng* + Fürwort ausgedrückt: *bàan kháwng* ***dï-chán*** (Haus von ich = mein Haus), *ngoen kháwng khun* (Geld von du = dein Geld).

Demonstrativpronomen Hinweisende Fürwörter

Die hinweisenden Fürwörter *nìi* (diese/-r/-s), *nân* (jene/-r/-s), *nôon* (jener/-r/-s dort) stehen wie Eigenschaftswörter nach dem Hauptwort. Mittels *thìi* (Ort) wird *thìi-nîi* (hier), *thìi-nân* (da), *thìi-nôon* (dort hinten) gebildet. Es gibt auch ein Wort für etwas, das nicht mehr sichtbar, also ganz weit weg ist: *nûun, thìi-nûun.*

Verben Tätigkeitswörter

Tätigkeitswörter (Verben) sind unveränderlich. Die Vergangenheit wird durch entsprechende Zeitwörter, *lâeo* (schon), *dài* + Verb oder Verb + *maa* ausgedrückt, die Zukunft bzw. eine Absicht durch die Partikel *jä*, eine Tätigkeit, die gerade in der Gegenwart abläuft, durch vorangestelltes *gkamlang*:
Vergangenheit: *Màe gkläp bàan lâeo* (Mutter zurückkehren Haus schon = Meine Mutter ist schon nach Hause zurückgekehrt).
Zukunft/Absicht: *Dï-chán jä bpai Gkrung-thèep* (Ich werde gehen Bangkok = Ich werde nach Bangkok fahren).
Gegenwart: *Môt gkamlang gkin-khàao* (Môt gerade essen Reis = Ich (Môt) esse gerade).

Viele Wörter haben je nach Stellung im Satz unterschiedliche Funktionen; dies gilt insbesondere auch für Tätigkeitswörter, die Funktionen wie unsere Vorsilben übernehmen:
bpai (gehen-hin = zu), *maa* (kommen-her = von), *khûen* (aufsteigen = hinauf/auf), *long* (absteigen = herunter/hinunter), *khào* (hereingelangen = herein), äwk (hinausbewegen = hinaus), *ao ... maa* (herbringen), *ao ... bpai* (wegbringen): *ao nâm maa hài näwi* (bring mir bitte Wasser).
Mit *thüuk* (korrekt, richtig, billig) wird auch das Passiv gebildet: *kháo thüuk khamooi* (er wurde bestohlen)
Adjektiv + *bpai* = zu + Adjektiv
Verb + *yuu* drückt Gegenwart aus, Verb + *maa* drückt Vergangenheit aus.

Hilfsverben

dài + Verb = Vergangenheit
Verb + *dài* (können)
dtàwng + Verb (müssen)
mài + *dtàwng* (nicht müssen)
dtàwng + *mài* + Verb (nicht dürfen)
hài (lassen, zulassen, gestatten)
Verb + *hài* (für jemanden)
Verb + *hài dài* (auf jeden Fall, auf alle Fälle)
jä + Verb = Zukunft, Absicht
gkuan + Verb (sollte)
yäak + Verb (möchte)
ao + Substantiv (mögen, wollen, nehmen)

Hilfsverb sein

Nur wenn die Satzergänzung ein Hauptwort ist, benutzt man *bpen*: *dï-chán bpen khon yoera-man* (ich (w) bin Deutsche). Beim Vorstellen sagt man *khue* statt *bpen*: *nii khue nángsúe thai* (dies ist ein thailändisches Buch). Wenn die Ergänzung ein Eigenschaftswort ist, entfällt es dagegen: *dï-chán nùeai* (ich (w) bin müde).

Fragen

Durch Anhängen der Fragepartikel *mâi* bzw. *mái* wird aus einem Aussagesatz ein Fragesatz:
khun bpai (du gehst, du fährst)
khun bpai mâi/mái? (du fährst?/du gehst? = gehst du?/fährst du?)

Fragewörter

Im Thai stehen Fragewörter meist am Satzende:

an-nái?	welcher?
ärai?	was?
khrai?	wer? (auch am Satzanfang)
mùea-räi?	wann?
thammai?	warum? (auch am Satzanfang)
thàoräi?	wie viel?
thì-nái?	wo?
nái?	wohin, welche/-r/-s?
yäang-rai/yangngai?	wie?

Substantiv + *gkïi* + K-Wort (s. u.) = wie viele ...?
rúe (oder?)
rúe bpläo (oder nicht?)
lâeo rúe yang (schon, oder noch nicht?)
chài mái (nicht wahr?)
dài mái (können?)

Höflichkeitspartikeln

Charakteristisch für Thai sind die am Satzende verwendeten Höflichkeitspartikeln *khrâp* für männliche Sprecher und *khâ* (bei Fragen) bzw. *khà* (bei Aussagen) für weibliche Sprecher:
Khun jä bpai nái khrâp (werden gehen wohin? = wohin gehst du?)
Nôk jä gläp bàan khà (*Nok* werde zurückkehren Haus = Ich (Nok) gehe nach Hause).

Partikeln am Satzende
Am Satzende stehen häufig Partikeln, die eine Aufforderung oder Bitten abmildern sollen:
phùut thai sï (sprich Thai doch)
maa yìam nâ (komm besuchen doch = du kommst mich doch besuchen, nicht wahr?)
kháw khàao näwi (ich möchte bitte noch etwas Reis)

Nebensätze
Nebensätze werden durch Bindewörter gebildet wie *wàa* (dass), *thìi* oder *sùeng* (Reflektivpronomen der, die, das), *phrâw-wàa* (weil). Auch die indirekte Rede wird durch *wàa* eingeleitet: *khâo bäwk wàa mài mii weelaa* (er sagt dass nicht haben Zeit = er sagte, dass er keine Zeit habe).

Andere Bindewörter:
lâeo-gkàw (und dann, bei Aufzählungen häufig benutzt)
thúeng-màe-wàa (obwohl)
phaw (sobald)
thàa (hàk) (falls)
dtäe (aber)
dtàng-dtäe (seit)
jon-thúeng (bis)
mùea (wenn)
khana-thìi (während)

Klassifizierungswörter (K-Wörter)

Um im Thai eine (Mehr)zahl von Dingen auszudrücken, verwendet man Klassifikatoren. Dieses System ist im Thai sehr differenziert, im Deutschen nur rudimentär vorhanden, z. B. „Blatt" bei fünf Blatt Papier:
Jä sûe nángsúe hàa lem (werde kaufen Buch fünf Bände = Ich kaufe 5 Bücher). Manche Wörter haben keine eigenen Klassifizierungswörter, diese werden beim Aufzählen wiederholt. Kennt man ein K-Wort nicht, kann man einfach *an* (Gegenstand) verwenden. Im Wörterverzeichnis werden die K-Wörter mit „K" gekennzeichnet.

K-Wörter:

an	kleine Gegenstände
bai	runde, hohle Gegenstände, Geldscheine
chäbäp	Zeitungen, Briefe
chîn	Stücke von Kuchen, Fleisch
chût	Anzug, Teams
dtua	Tiere, Hemden, Tische
gkàeo	Gläser
khäbuan	Züge, Prozessionen
khan	Fahrzeuge
khon	Personen
khrùeang	Maschinen, Geräte
khüat	Flaschen
khùu	Paar
lam	Boote
phäehn	flache Gegenstände, Papier
phón	Obst
rùup	Mönche
thùai	Tassen
thúung	Beutel, Säcke

Wörter A-Z

W

Hinweis zu den Kategoriewörtern:
Personen: *khon* (Ausnahme: Buddha, Mönche, Königsfamilie: *rùup*)
Tiere: *dtua* (Ausnahme: Elefant)
Orte, Plätze in Natur und Anlagen: *thìi* oder *häeng*
Fahrzeuge: *khan* (Ausnahme: Zug)
Geräte: *khrueang*
Wort identisch mit K-Wort: (K)

aa jüngere Geschwister des Vaters 113
äab-nâm baden 119
aagkaan Symptom 47
aagkäat Wetter 131
äan lesen 79
aathît nàa nächste Woche 116
aayû Alter 17
ae klimatisiert 87
aháan Essen 61
äksëep Entzündung 127
andtäraai gefährlich 115
anggkrït englisch 79
an-nîi dies (dieses Ding) 43
ao nehmen 63
ärai nâ? wie bitte? 125
ärai? was? 9
äräwi lecker, schmackhaft 61
athîbaai erklären 93
àwm Umweg 75
àwm bpai Umweg machen/fahren 75
âwsdtria Österreich, österreichisch 11
bäai moong 13 Uhr 39
bäai sáam moong 15 Uhr 39
bäai sáwng moong 14 Uhr 39
bàan Haus (K: láng) 53
bàang etwas, so 127
baang-thii vielleicht 107
bàan-nâwk ländlich 133
bäat Baht (Thai-Währung) 21
bâeng Banknote (K: bai) 41
bai K-Wort für runde, hohle Gegenstände, Papier u. Ä. 42
bämïi Eiernudel 83
bät-thorâsäp Telefonkarte (K: bai) 26
bäwl oft 41
bäwk sagen, Bescheid sagen 73
bawrîsät Firma (K) 17
bawrîween Umgebung, Gegend 95
boe Nummer 27
bon oben 89

bpàa ältere Schwester der Eltern 113
bpäa Wald, Urwald 48
bpaa werfen 48
bpäak Mund, Mündung 73
bpäak-wáan Schmeichler 57
bpäeht acht 17
bpai gehen, fahren 37
bpai thìao flanieren, besichtigen, besuchen 67
bpanháa Problem 89
bpen sein (nur bei Personen) 9
bpen khài Fieber haben 127
bpen wät Erkältung haben 127
bpët Ente 83
bpii Jahr(e) 17
bpiin (phuu-)kháo Bergsteigen 97
bplaa Fisch 81
bpläo leer, nicht 41
bpläwtphai sicher 107
bplïan wechseln, umsteigen 107
bplük aufwecken 131
bpöeht öffnen 37
bpräasäat(-hín) Schloss, Steintempel, -ruine 105
bprâthèet Land 15
bpüat schmerzen (unter der Haut) 127
bpuat hùa Kopfschmerzen 127
bueng Sumpf 119
châ-châa langsam (Adverb) 113
chaa Tee 61
chaa jiin chinesischer Tee 61
chaa râwn heißer Tee 61
chaa-yen Eistee 61
chaai-thâlee Meeresküste 132
châang Elefant (K: chùeak) 119
chàang Handwerker, Künstler 105
chàang-dtät-phóm Friseur 105
chàang-dtät-sùea Schneider 105
chaao Leute 125
chaao-bàan Dorfbewohner 133
chaao-kháo Bergstamm 131
chaao-mueang Stadtbewohner 133

chài ja, so ist es 67
chài lâeo stimmt 99
chài mái? nicht wahr? 67
châi yaa Medizin einnehmen 127
châi-jäai ausgeben 132
châi-weelaa dauern 87
chân ich (w, vertraut) 29
chân Stockwerk, Klasse 46
châo morgens 35
chàwp mögen 47
chèn zum Beispiel 69
chèn-gkan gleichfalls 11
chíang Diagonale 102
chiiwît Leben 133
chim kosten, probieren 63
choehn bitte sehr 23
chóei-chóei ruhig, gelassen 31
chom vyuu Aussicht genießen 115
chom-chóei Kompliment 57
chonnâbôt ländliche Gegend 133
chòok-dii Glück, zum Glück 115
chùai helfen, bitte ... 93
chùa-moong Stunde 73
chùe Name, heißen 9
chùe-lèn Spitzname 27
dài, dàai können, gelangen 11
dàiyin hören 49
dam-nâm tauchen 97
dang(-dang) laut 101
däwk-mâi Blume 119
dëk Kind (allgemein) 113
dhúa-nawn Liegewagenkarte (K: bai) 89
dïao einzeln 99
díao (díao) Moment bitte 41
diao nur ein ... 63
díao-nîi jetzt 75
dï-chán ich (weiblich) 9
dii gut 9
dii-jai froh, sich freuen 57
doehn gehen (zu Fuß) 119
doehn thìao herumgehen, spazieren 75
doehn-thaang reisen, verreisen 87

dooi durch (Art und Weise) 93
dtaa Auge 131
dtaam gemäß, folgen 55
dtaam säbaai mach es dir bequem 55
dtaam-thammadaa normalerweise 87
dtäang-jangwät in der Provinz 133
dtäe aber, nur 75
dtäeng-ngaan verheiratet 17
dtäläat Markt 37
dtäläat Jädtüjäk Chatuchak-Markt 37
dtäläwt ganz 133
dtamrüat Polizei 133
dtamrüat-thàwng-thìao Touristenpolizei 77
dtâng-möt alle 99
dtäw-bpai nächste/-r/-s 73
dtawn Zeitabschnitt 29
dtawn-châo morgens 29
dtàwng müssen 55
dtàwng-gkaan mögen, wollen, brauchen 23
dtawn-khàm abends 121
dtäwn-râp willkommen (heißen) 15
dtëm voll, besetzt 99
dtiang Bett (K) 23
dtiang-dïao Einzelbett 99
dtiang-khùu Doppelbett 100
dtii-hàa 5 Uhr 39
dtii-nüeng 1 Uhr 39
dtii-sáam 3 Uhr 39
dtii-sáwng 2 Uhr 39
dtii-sïi 4 Uhr 39
dtït-chûea infizieren, anstecken 127
dtït-dtäw kontaktieren, in Verbindung setzen 121
dtït-yaa-sëp-dtït drogenabhängig 127
dtô' Tisch 105
dtök-jai erschrocken 57
dtök-long einverstanden 75
dtön-mâi Baum (K: dtön) 119
dtrong gerade(aus) 73
dtrüat untersuchen 127
dtúa Fahrkarte (K: bai) 87
dtua Körper, Stück (K-Wort u. a. für Hemden) 43
dtua-eeng mich/sich selbst 15
dtüehn aufwachen 35
dtûk-dtûk Tuk-Tuk (Dreirad-Taxi) 49
Dtülaa-khom Oktober 99
dùai mit, auch 63
(dûai)-gkan zusammen 55
duean Monat 101
düehm trinken 61
duu (an)sehen 53
duu-lae sich kümmern 119
fäak abstellen, aufbewahren 101
fâa-làep fâa-râwng Gewitter 131
faehn Freund/-in, Ehefrau/-mann, Geliebte/-r 25
fán Traum, träumen 113
fan Zahn 131
fäng-mäe-nâm Ufer des Flusses 121
färäng westl. Ausländer/-innen 11
fón Regen 131
fón-dtök regnen 131
fûtbawn Fußball (K: mäet) 95
fùut-sendhoe food center 83
Ganyaa-yon September 99
gkaafae Kaffee (K: thùai = Tasse) 54
gkaan-dtäw Handeln 44
gkaang-gkeeng Hose 47
gkaang-gkeeng-kháa-sàn Shorts (K: dtua) 47
gkaan-jaraajawn Verkehr 95
gkaao Klebstoff 114
gkàao Schritt 114
gkaeng Curry(soße) 79
gkäi Huhn 83
gkam Karma 129
gkamlang gerade 125
gkào neun 17
gkäo alt (Sachen) 114
gkäp mit 27
gkäp-khàao Beilage zum Reis 65
Gkârâgkäda-khom Juli 99
gkarunaa bitte 27
gkàw auch (bei Verben) 15
gkaw lâeo gkan mehr/weniger geht nicht 49
gkawn vorher, erst einmal 53
gkëng gut, geschickt 11
gkïi-? wie viele ...? 21
gkiilaa Sport 95
gkìip Kip (laotische Währung) 125
gkin essen 55
gklài nah 115
gklai weit 119
gkläp zurückkehren 101
gklua Angst haben, ängstlich 107
Gkô' Sämèet Koh Samet (Insel) 133
gkoehn überschreiten, (nicht) mehr als 87
gköet khùen passieren, geschehen 127
gkräbpáo(-doehn-thaang) (Reise-)Gepäck, Tasche 101
gkreeng-jai respektvoll, aufmerksam 55
Gkrung-thèep Bangkok 17
gkuei-dtíao Kueytiao, Nudelsuppe 81
Gkumpaa-phan Februar 99
gkunjae Schlüssel (K: lùuk) 23
gkwäa Wort zur Komparativbildung 47
hà moong yen 17 Uhr 39
hà, hâ Höflichkeitspartikel unter Freunden 35
hàa fünf 17
háa suchen, aufsuchen 127
hàa-moong-châo 11 Uhr 39
hàa-thùm 23 Uhr 41
hàam-khào Zutritt verboten 116
hàam-süup-burïi Rauchen verboten 116
hàang säp-phâ-sínkhâa Kaufhaus 46
hàeng trocken 83
hài für, geben, erlauben 93
hài-gkamlang-jai ermutigen 57
haloo hallo 29
hàwng Zimmer (K) 21
hàwng dtiang-dïao Einzelzimmer 99
hàwng-nâm Badezimmer, Toilette 24
hàwng-nawn Schlafzimmer 24
háai verlieren, verschwinden 131
háwng-sùam Toilette 24
hén sehen 121
hín Stein, Fels (K: gkàwn) 119
híu-khàao hungrig (sein) 55
híu-nâm durstig 61
hök sechs 17
hök moong châo 6 Uhr 39
hök moong yen 18 Uhr 39
húa-jai Herz (Organ, K: duang) 57
húu Ohr (K: khàang) 131
ïik noch 63
ïik-khrâng noch einmal 125
ïik-thìi noch einmal 121
iisáan Nordosten 133
ïm satt 63
jä werden 21
jäak von, aus 15
jai-dii freundlich 57
jai-dtèn freudig erregt, aufgeregt 57
jai-râwn aufgeregt, wütend 31
jai-yen gelassen, kühlen Kopf bewahren 31
jam sich erinnern 113
jào-fâa Prinz/-essin 71
jät-gkaan organisieren 131

jawng reservieren 87
jäwt halten, anhalten 75
jëp schmerzen (auf der Haut) 127
jët sieben 17
jët-râwi 700 21
jing wirklich, wahr 49
jing-jai aufrichtig 57
jing-jing wirklich (Adverb) 49
jing-jing lâeo in Wirklichkeit, ehrlich gesagt 81
jòok Reisporridge 81
khà/khâ Höflichkeitspartikel (weibl.) 9
kháa Bein (K: khàang) 31
kháai verkaufen 43
khàng Seite 89
khàng-bon oben 89
khàng-láng hinten 89
khàng-làng unten 89
khàng-nàa vorn 89
khàng-nai innen 89
khàng-nàwk außen 89
khäao Nachrichten 36
khàao Reis 55
khàao-dtom Reissuppe 78
khàao-háwm Duftreis 65
khàao-níao Klebreis 65
khàao-ràat-gkaeng Curryreis 81
khäbuan Zug (K) 89
khàe-níi nâ Auf Wiedersehen (am Telefon) 127
khäi Ei (K: fawng) 22
khài Fieber 127
khäi-jiao Omelett 60
khàam überqueren 93
khäméen kambodschanisch, Khmer-... 105
khämooi Dieb, stehlen 133
kham-tháam Frage 53
khàng-khàang neben 89
khäo Knie (K: khàang, khûu) 36
Kháo Yäi Großer Berg 107
khào-jai verstehen 75
khäp fahren, lenken 113
kháw bitten um, mögen 15
khawi warten 53
kháwng von, Sache 23
khàwp-jai Danke (zwischen Gleichgestellten) 125
khäwp-khun Danke 11
khaw-thôot Entschuldigung, leider 63
khïi jäk-gkrayaan Fahrrad fahren 97
khìi-gkïat faul 115
khìi-húeng eifersüchtig 115
khìi-ïtcháa neidisch 115
khìi-khui geschwätzig 115
khìi-luehm vergesslich 115
khìi-níao geizig 115
khît denken, glauben 53
khlawng Kanal 13
khlùen Wellen 133
khlùen-sài Übelkeit 127
khoei jemals 133
khon Mensch, Person 9
khon-yoeraman Deutsche/-r 11
khon-âwsdtria Österreicher/-in 11
khong-jä wahrscheinlich 131
khon-nàen voller Menschen 121
khon-säwît Schweizer/-in 11
khrai? wer? 27
khrâng (ràek) (erstes) Mal 107
khrâp Höflichkeitspartikel (männl.) 9
khràwp-khrua Familie 113
khrùeang Gerät, (K) 56
khrùeang-bin Flugzeug 56
khrùeang-düehm Getränk 81
khrùeang-yon Motor 56
khuan (jä) sollte 69
khue ist, sind (beim Vorstellen, Hervorheben) 15
khuehn Nacht 21
khùen aufsteigen, einsteigen 37
khui plaudern 115
khun du, Sie, ihr, Herr, Frau 9
khunnaphàap Qualität 47
khùu Paar (K) 100
khwáa rechts 73
khwaai Wasserbüffel 119
khwaam-jing Wahrheit 95
khwaam-ráwn Hitze 46
lâ' pro, wie steht`s mit 21
laa gkàwn Auf Wiedersehen (sagt wer geht) 125
láai viele 75
láai-thìi viele Orte 69
laakhâa Preis (Isaan-Dialekt/Lao) 125
lâan 1.000.000 27
láan Neffe, Nichte, Enkel 113
laao Laos, laotisch 125
lae' und 23
laem Vorsprung, Landzunge 115
lâeo schon 17
lâeo-dtäe kommt drauf an, ... 69
lâeo-gkàw und dann 69
láng Rücken 131
làng unten 89
läw gut aussehend, hübsch 120
Lawi-gkräthong Loy Kratong (Fest) 121
láw-lèn Witze machen 57
lawng duu nachsehen, testen, versuchen, ansehen 41
lèk-thìi Nummer 52
lèn spielen 95
lèn gkâwp Golf spielen 97
lîao abbiegen 73
lif Lift 20
loei überhaupt 67
lom Wind 131
long absteigen, aussteigen 37
lóng thaang sich verlaufen, Weg verlieren 107
lóo Dutzend 120
löt senken, verringern 43
luehm vergessen 115
lung Onkel (allgemein), älterer Bruder der Eltern 113
lùuk (eigene) Kinder 113
lùuk-chaai Sohn 113
lùuk-sáao Tochter 113
lùuk-súea Pfadfinder 42
mâ'ruen-nîi übermorgen 133
máa Hund 10
maa kommen 15
mâa Pferd 10
màak viel, sehr 29
màe Mutter 62
màe-jào Königin 71
màe-nâm Strom (K: sáai) 121
màe-nâm-khóong Mekong 121
mài brennen 16
mâi Holz 16
mäi neu 16
mài nicht 11
mái Seide 16
mài äwk kann nicht 79
mài bpen rai nichts zu danken 37
mài khoei nie, niemals 133
mài khòi nicht besonders, nicht so ... 127
mái, mâi Fragepartikel 21
mânao Zitrone, Limone (K: phón) 81
mân-jai selbstbewusst, zuversichtlich 57
máo austrinken, aufessen 61
mao betrunken 62
máw Arzt 127
màw Topf (K: bai) 62
mawdtöesai-râp-jàang Motorrad-Taxi (K: khan) 90
meenuu Speisekarte, Menü 79
Meesáa-yon April 99
mia Ehefrau (umgspr.) 25
mia-lúang Hauptfrau 25
mia-nâwi Nebenfrau 25
míi Bär 28
mii haben, es gibt 21
mïi Nudel (K: sèn) 28
mïi gkräwp knusprige Eiernudel 83

Miinaa-khom März 99
mìit Messer (K: lèm) 28
Mîthunaa-yon Juni 99
Môgkäraa-khom Januar 99
moong Uhr (bei Uhrzeiten) 35
moong-châo 7 Uhr 39
möt zu Ende, weg 89
muai thai Thai-Boxen 95
mue Hand 27
mùea vor, um 29
mueang Stadt, Land 15
múean-gkan auch 119
mùea-räi wann 29
mùea-waan-nîi gestern 99
müehn 10.000 27
mung Moskitonetz 120
múu Schwein 81
müu-bàan Dorf 131
nâ? nicht wahr? (Partikel) 53
náa dick 100
naa Reisfeld 100
nàa Gesicht, Vorderseite 100
nâa jüngere Geschwister der Mutter 113
nàa-bùea langweilig 105
nàa-chom bewundernswert, lobenswert 107
nàa-duu sehenswert 107
nàa-fón Regenzeit (Juli–Oktober) 131
nàa-gklïat hässlich 107
naaligkaa Stunde, Uhr 35
naam-sägkun Nachname 23
naan lange Zeit 55
nàa-náao kühle Jahreszeit (Nov.–Feb.) 131
náao kalt (fühlen) 131
nàa-râk liebenswert, niedlich 107
nàa-râwn heiße Jahreszeit (März–Juni) 131
nàa-sóng-sái zweifelhaft 107
nàa-són-jai interessant 69
naathii Minute 41
nàa-thúeng einen Besuch wert 105
nàa-yüu lebenswert 133
nàe(-jai) sicher (wissen) 53
nâe'-nam vorstellen, vorschlagen, empfehlen 15
nàe-nawn gewiss, sicherlich 69
nai in 131
nai-lúang König 71
näk schwer (Gewicht) 100
nâk sehr, so 47
nâk-gkilaa Sportler/-in 105
nâk-râwng Sänger/-in 108
nâk-rian Schüler/-in 105
nâk-süeksáa Student/-in 105
nâk-thòng-thìao Tourist/-in 105
nâk-thûrâgkït Geschäftsmann/-frau 105
nâk-wîtsäwâgkawn Ingenieur/-in 105
nâm-khǽng Eis 121
nâm-âwi Zuckerrohrsaft 121
nâm-dtaan Zucker 81
nâm-dtök Wasserfall 115
nâm-dtòm gekochtes Wasser 121
nâm-düehm Trinkwasser 121
nâm-hùai Bach 121
nâm-jai Großzügigkeit, Mitgefühl 57
nâmman Öl, Benzin 49
nâm-màphrâao Kokosnusswasser 121
nâm-ràe Mineralwasser 121
nâm-sòm (-khân) Orangensaft (frisch gepresst) 121
nâm-soodaa Sodawasser 121
nâm-yen kaltes Wasser 121
nân jene/-r/-s 43
nang sitzen, sich setzen 49
nángsúe-doehn-thaang Reisepass 23
nât Verabredung 39
näwi etwas, ein wenig, wenig 41
nâwng-chaai jüngerer Bruder 52
nâwng-sáao jüngere Schwester (K: khon) 52
nawn-läp schlafen (im Liegen) 113
ngàai leicht, einfach 37
ngaan Arbeit 17
ngaan-chäläwng Feier, Fest 121
ngìap(-ngìap) ruhig 101
ngoen Geld 81
ngùang-nawn schläfrig 113
nguu Schlange 119
níao klebrig 115
nìi, -nîi dies, hier 23
nît-diao nur ein bisschen 63
nît-näwi ein wenig, etwas 61
nôk Vogel 119
nom Milch 54
nôon jene, -r, -s (dort hinten) 43
nôon/nûun jenes/dort hinten (weit weg) 107
nùat Massage, massieren 106
nùat-pháen-booraan traditionelle Thai-Massage 106
núea Nord 133
nûea Rind(fleisch) 79
nüeai müde 106
nüeng, ët eins 17
nüeng-thùm 19 Uhr 41
nûun jene/-r/-s (nicht sichtbar) 43
oogkäat Gelegenheit 67
oogkee okay 43
phaa begleiten, mitnehmen 48
pháa Fels 48
phàa Stoff 48
phàak Region 133
phâasbpawt/phâsâbpawt Reisepass 23
phaehng teuer 43
phâk bleiben, übernachten 21
phäk Gemüse 120
phâk-phawn ausruhen 127
phan 1000 27
phânâk-ngaan-kháai Verkäufer/-in 46
phanrâyaa Ehefrau 113
phasáa Sprache 79
phâtlom Ventilator (K: khrùeang) 101
phaw genug, genügend 41
phàw Vater (Anrede: khun ...) 113
phàw-màe Eltern 113
phèt Diamant (K: mêt) 75
phët scharf gewürzt 61
phìi-chaai älterer Bruder 52
phìi-nâwng Geschwister 113
phìi-sáao ältere Schwester 52
phíi-sùea Schmetterling 42
phìsëet besonders, speziell 95
phithii Zeremonie 117
phlawi Edelstein, Schmuck (K: mêt) 75
phóm ich (männlich) 9
phôp treffen, begegnen 55
phrâwm bereit 131
Phrûetsäjïgkaa-yon November 99
Phruetsäphaa-khom Mai 99
phrùng-nîi morgen 35
phúa Ehemann (umgspr.) 25
phùak-rao wir 119
phùea für, um zu 115
phùean Freund 121
phüeng gerade 101
phùu Person 105
phùu-chaai Mann 69
phùu-jät-gkaan Manager 105
phùu-nam-thaang Führer 131
phùut sprechen 11
phùu-yíng Frau 67
raakhaa Preis 43
râan Laden, Geschäft (K) 75
râan-kháai-aháan-khàng-thânón Essstand am Straßenrand 83
râan-kháai-yaa Apotheke 70
ràat übergießen 79
rài Feld 119
raigkaan Angebot 79
râk lieben 119

thaen-thìi ... anstatt ... 67
tháeo(-tháeo) Gegend 101
thai Thai(länder), thailändisch 9
thâlee Meer 133
thalee-säap See 119
thàm Höhle 119
tham bun Verdienste erwerben 129
tham machen, tun 17
thammachàat Natur 119
thammadaa normal, gewöhnlich, üblich 87
thammai? warum? 47
tham-ngaan arbeiten 17
thàn Sie (Anrede für Ranghohe) 119
thanón Straße (K: sáai) 115
Thanwaa-khom Dezember 99
thâo Fuß (K: khàang) 131
thàonân nur 37
thàoräi? wie viel? 17
thâp Schrägstrich 52
thawng Gold 126
tháwng-doehn Durchfall 127
thäwt entfernen, ausziehen 52
thìang Mittag 87
thìang-khuehn 24 Uhr 41
thìang-wan 12 Uhr 39
thìao Vergnügen 67
thìi der, die, das (Relativpronomen) 11
thìi-nái wo? woher? wohin? 15
thìi-diao (nur) einmal 105
thíi-jäwt-rôt Haltestelle, Parkplatz 64
thìi-lâeo letzte/-r/-s, vergangene/-r/-s 101
thìi-nàng Sitzplatz 87
thìi-nawn Liegeplatz 87
thìi-nûun dort, dorthin, dort hinten 49
thíi-phâk Unterkunft 64
thìi-ràek zuerst, zunächst 115
thìi-tham-ngaan Arbeitsplatz 64
thît-dtài Süden 102
thît-dtawan-äwk Osten 102
thît-dtawan-äwk-chíang-núea Nordosten 102
thît-dtawan-dtök Westen 102
thît-núea Norden 102
thoe du, er, sie (sagen Frauen) 119
thong(-chàat) (National-)Flagge 126
thoo-gkläp zurückrufen 27
thoo-maa anrufen (von) 99
thoorâsäp Telefon, telefonieren 27
thoorâsäp-mue-thúe Handy 27
thúeng ankommen 29
thûk alle, jede/-r/-s 41
thüuk billig 47
üehn andere/-r/-s 47
üttayaan-häeng-chàat Nationalpark 107
wàa ob, dass, sagen 41
wáai Rattan 94
wàai-nâm Schwimmen 97
wàang frei, unbesetzt 21
wâi aufbewahren, lagern, ab-/wegstellen 99
wái können (körperlich) 61
wài Wai (Thai-Gruß) 19
wâi-jai vertrauen, anvertrauen 57
wan Tag 35
wan-aathít Sonntag 34
wan-angkhaan Dienstag 34
wáng hoffen 107
wang Palast 88
wang wâi ablegen 88
wan-jan Montag 34
wan-nîi heute 29
wan-phârûehàt Donnerstag 34
wan-phût Mittwoch 34
wan-sáo Samstag 34
wan-sük Freitag 34
wât buddhistischer Tempel 69
wät Erkältung 68
Wât-Phrâ-Gkaeo Tempel des Jadebuddha 69
weelaa Zeit, während 35
wìinaathii Sekunde 35
wìng laufen, rennen, joggen 93
withii-châi Gebrauchsanweisung 127
yaa Medizin, Droge 127
yäa nicht ...! 75
yaa gkàe ... Medizin gegen ... 127
yaa-baa/yaa-mâa Metamphetaminpille (K: mêt) 103
yàak schwierig 125
yaa-mêt Pille 127
yàang grillen 74
yaang Gummi 74
yäak wollen 75
yäang Sorte, Art 79
yäang-nân so, derart 113
yäang-nîi so 113
yäang-rai wie 37
yaa-phît Gift 127
yàat Verwandte 113
yaa-thaa Salbe 127
yäi groß 23
yang noch (nicht) 11
yangngai wie (umgangssprachlich) 55
yàt-yàat Verwandtschaft 113
yoe´-yoe´ viel (umgspr.), eine Menge 61
yàwt Gipfel 115
yen säbaai angenehm kühl 40
yìam besuchen 29
yîm Lächeln 19
yindii froh, herzlich 11
yíng weiblich 116
yoeraman deutsch 11
yùng beschäftigt, keine Zeit 120
yung Moskito 119
yüu da sein, sich befinden 27